ASSOCIATION NATIONALE FRANÇAISE
POUR LA
PROTECTION LÉGALE DES TRAVAILLEURS

SIXIÈME SÉRIE N° 2

LA RÉFORME DE LA PROCÉDURE DE LA MISE EN DEMEURE

organisée par la Loi du 12 Juin 1893-11 Juillet 1903

sur l'Hygiène et la Sécurité des Travailleurs

RAPPORT DE M. E. BRIAT

Membre du Conseil supérieur du Travail

Compte rendu des Discussions. — Vœux adoptés.

PARIS

FÉLIX ALCAN, ÉDITEUR
LIBRAIRIES FÉLIX ALCAN & GUILLAUMIN réunies
BOULEVARD SAINT-GERMAIN, 108

Librairie de la Société du Recueil J.-B. SIREY
et du Journal du Palais
Ancne Mon L. Larose et Forcel
22, RUE SOUFFLOT, PARIS, Ve
L. LAROSE & L. TENIN, Directrs

1910

ASSOCIATION NATIONALE FRANÇAISE
POUR LA
PROTECTION LÉGALE DES TRAVAILLEURS

SIXIÈME SÉRIE N° 2

LA RÉFORME DE LA PROCÉDURE DE LA MISE EN DEMEURE

organisée par la Loi du 12 Juin 1893-11 Juillet 1903

sur l'Hygiène et la Sécurité des Travailleurs

RAPPORT DE M. E. BRIAT

Membre du Conseil supérieur du Travail

Compte rendu des Discussions. — Vœux adoptés.

PARIS

FÉLIX ALCAN, ÉDITEUR
LIBRAIRIES FÉLIX ALCAN & GUILLAUMIN réunies
BOULEVARD SAINT-GERMAIN, 108

Librairie de la Société du Recueil J.-B. Sirey
et du Journal du Palais
Ancne Mon L. Larose et Forcel
22, RUE SOUFFLOT, PARIS, Ve
L. LAROSE & L. TENIN, Directeurs

1910

COMITÉ DIRECTEUR DE L'ASSOCIATION

Paul CAUWÈS, professeur à la Faculté de Droit de l'Université de Paris, **président honoraire de l'Association.**

A. MILLERAND, député, ancien ministre du Commerce, **président.**

Ed. BRIAT, secrétaire général du Syndicat des ouvriers en instruments de précision, membre du Conseil supérieur du travail et de la Commission supérieure du travail dans l'industrie, **vice-président.**

A. LIÉBAUT, ingénieur, membre du Comité consultatif des arts et manufactures et de la Commission supérieure du travail dans l'industrie, **vice-président.**

Raoul JAY, professeur à la Faculté de Droit de l'Université de Paris, membre du Conseil supérieur du travail, **secrétaire général.**

Léon de SEILHAC, publiciste, délégué permanent du service industriel et ouvrier du *Musée social*, **trésorier.**

Georges ALFASSA, ingénieur civil, E. C. P.

Louis BARTHOU, député, ministre des Travaux publics.

Adéodat BOISSARD, professeur à la Faculté libre de Droit de Paris.

François FAGNOT, enquêteur à l'*Office du travail.*

Arthur FONTAINE, directeur du Travail au Ministère du Travail et de la Prévoyance sociale.

Arthur GROUSSIER, député.

Auguste KEUFER, délégué permanent de la Fédération française du Livre.

Abbé LEMIRE, député.

André LICHTENBERGER, directeur-adjoint du *Musée social.*

Henri LORIN, ancien élève de l'Ecole Polytechnique, membre du Comité de perfectionnement du Collège libre des Sciences sociales.

Etienne M[illegible]RTIN-SAINT-LÉON, bibliothécaire du *Musée social.*

Comte A. d[illegible] MUN, député.

C. PERRE[illegible], ancien député, professeur à la Faculté de Droit de l'Uni[illegible]rsité de Paris.

Eug. PETIT, docteur en Droit, ancien chef du cabinet du ministre du Commerce.

Paul PIC, professeur à la Faculté de Droit de l'Université de Lyon.

Ivan STROHL, industriel.

Edouard VAILLANT, député.

Richard WADDINGTON, sénateur.

SIÈGE SOCIAL : **5, rue Las-Cases, PARIS**

LA RÉFORME

DE

LA PROCÉDURE DE LA MISE EN DEMEURE

organisée par la Loi du 12 juin 1893-11 juillet 1903
sur l'Hygiène et la Sécurité des Travailleurs

Séance du 14 décembre 1909

PRÉSIDENCE DE M. HENRI LORIN

M. LE PRÉSIDENT. — Mesdames, Messieurs, je donne la parole à M. Briat pour la lecture de son rapport sur la procédure de la mise en demeure.

M. BRIAT. — « Mesdames, Messieurs, les échos des plaintes multiples émanant des organisations ouvrières et dénonçant le défaut d'hygiène et de sécurité des établissements industriels et commerciaux en France sont venus jusqu'à votre Société.

Les deux derniers congrès de l'Association ouvrière pour l'hygiène et la sécurité des travailleurs (novembre 1905 et octobre 1907) ont mis cette question à l'ordre du jour de leurs travaux et, après de longues et intéressantes discussions, reconnaissant le bien-fondé de ces doléances, ont attribué, pour une partie, la responsabilité de ces faits à l'insuffisante protection des lois et règlements. La sollicitude éclairée que votre Compagnie n'a cessé de manifester à l'égard des travailleurs lui a fait accueillir, sous bénéfice d'examen, les vœux émis dans les congrès précités en limitant leur étude à la protection légale des travailleurs — titre oblige — au point de vue de l'hygiène et de la sécurité des ouvriers:

De la législation en vue d'assurer l'hygiène et la sécurité

La législation du travail ne pouvait négliger la protection matérielle de l'individu contre les conséquences accidentelles et anti-hygiéniques du travail.

Déjà la loi de 1874 avait esquissé un semblant de protection en faveur des enfants qu'elle protégeait : la loi du 2 novembre 1892 avait étendu, en termes très vagues et très généraux, cette protection aux femmes de tout âge employées dans les établissements industriels, lorsqu'enfin la loi du 12 juin 1893 étendit cette protection aux ouvriers adultes occupés dans les établissements industriels, à l'exception des mines, minières et carrières. Elle fut complétée elle-même, le 11 juillet 1903, par une adjonction qui soumit à ce régime les établissements commerciaux.

Si l'on considère, d'une part, la loi du 12 juin 1893-11 juillet 1903, d'autre part, les lois et règlements spéciaux du Ministère des Travaux publics qui visent : les mines, minières et carrières, la surveillance des entreprises de transport, la prévention des accidents causés par les appareils à vapeur (décret du 9 octobre 1907), la prévention des accidents causés par le courant dans les distributions qui mettent en œuvre l'énergie électrique (arrêté technique du 21 mars 1908), on peut conclure en disant que tous les travailleurs français sont protégés au titre de la sécurité et de l'hygiène, à l'exception de ceux qui sont occupés dans les exploitations agricoles et dans l'exercice des professions libérales.

Dans tout ce qui va suivre, nous ne nous occuperons que des établissements soumis à la loi du 12 juin 1893-11 juillet 1903 et aux règlements d'administration publique rendus pour son exécution, c'est-à-dire aux décrets de :

29 novembre 1904, relatif à l'hygiène et à la sécurité des travailleurs ;

28 juillet 1904, sur le couchage du personnel ;

29 juin 1893, réglementant le travail dans les fabriques de vert de Schweinfurt ;

18 juillet 1902, réglementant l'emploi du blanc de céruse dans l'industrie de la peinture en bâtiments ;

15 juillet 1904, étendant à tous les travaux de peinture les dispositions du décret du 18 juillet 1902 ;

21 novembre 1902, interdisant l'opération dite « pompage » dans l'industrie de la poterie d'étain ;

4 avril 1905, concernant la manipulation du linge sale dans les ateliers de blanchissage ;

11 juillet 1907, concernant la sécurité des travailleurs dans les établissements mettant en œuvre des courants électriques ;

23 avril 1904, prescrivant les mesures particulières d'hygiène dans les industries où le personnel est exposé à l'intoxication saturnine ;

15 décembre 1908, prescrivant les mesures particulières d'hygiène et de salubrité dans les chantiers de travaux à l'air comprimé, complété par un arrêté fixant les termes d'un avis relatif à la durée du travail dans l'air comprimé et aux soins à donner dans certains cas.

A titre de mémoire, nous citerons les projets de règlements en cours de préparation : (*Rapport de la Commission supérieure du travail, 1908.*)

Projet de règlement concernant la prophylaxie de la septicémie charbonneuse ;

Projet de décret réglementant le travail dans les couperies de poils ;

Projet de décret réglementant le travail dans les ateliers de typographie ;

Projet de décret concernant le triage et le cardage des objets de pansement ayant servi.

Cette énumération, déjà longue, montre que la protection des règlements embrasse un domaine aussi vaste que l'industrie elle-même ; que sa tendance est de se spécialiser, pour protéger l'ouvrier dans toutes les opérations, si diverses, de sa vie industrielle.

C'est peut-être un exemple unique que celui de cette législation qui s'assouplit au point de toujours encadrer les conditions du travail, malgré les difficultés techniques que l'on ne peut manquer de rencontrer dans une matière si diverse et si complexe.

Il faut donc, tout en rendant hommage au travail qui a présidé à l'élaboration de tous ces règlements, que ceux-ci portent en eux-mêmes un vice fondamental, pour qu'après 16 ans d'application dans l'industrie et six années dans le commerce, nous entendions de tous côtés les plaintes, malheureusement souvent trop fondées, des travailleurs de toutes les professions.

C'est à déterminer ce défaut que nos efforts devront tendre.

Texte de la Loi du 12 juin 1893-11 juillet 1903
Jurisprudence

ARTICLE PREMIER. — Sont soumis aux dispositions de la présente loi les manufactures, fabriques, usines, chantiers, ateliers, laboratoires, cuisines, caves et chais, magasins, boutiques, bureaux, entreprises de chargement et de déchargement et leurs dépendances de quelque nature que ce soit, publics ou privés, laïques ou religieux, même lorsque ces établissements ont un caractère d'enseignement professionnel ou de bienfaisance.

Sont seuls exceptés les établissements où ne sont employés que les membres de la famille sous l'autorité soit du père, soit de la mère, soit du tuteur.

Néanmoins, si le travail s'y fait à l'aide de chaudière à vapeur ou de moteur mécanique ou si l'industrie exercée est classée au nombre des établissements dangereux ou insalubres, l'inspecteur aura le droit de prescrire les mesures de sécurité et de salubrité à prendre conformément aux dispositions de la présente loi.

ART. 2. — Les établissements visés à l'article 1er doivent être tenus dans un état constant de propreté et présenter les conditions d'hygiène et de salubrité nécessaires à la santé du personnel.

Ils doivent être aménagés de manière à garantir la sécurité des travailleurs. Dans tout établissement fonctionnant par des appareils mécaniques, les roues, les courroies, les engrenages ou tout autre organe pouvant offrir une cause de danger seront séparés des ouvriers, de telle manière que l'approche n'en soit possible que pour les besoins du service. Les puits, trappes et ouvertures doivent être clôturés.

Les machines, mécanismes, appareils de transmission, outils et engins doivent être installés et tenus dans les meilleures conditions possibles de sécurité.

Les dispositions qui précèdent sont applicables aux théâtres, cirques et autres établissements similaires où il est fait emploi d'appareils mécaniques.

ART. 3. — Des règlements d'administration publique,

rendus après avis du Comité consultatif des arts et manufactures, détermineront :

1° Les mesures générales de protection et de salubrité applicables à tous les établissements assujettis, notamment en ce qui concerne l'éclairage, l'aération ou la ventilation, les eaux potables, les fosses d'aisances, l'évacuation des poussières et vapeurs, les précautions à prendre contre les incendies, le *couchage du personnel*, etc. ;

2° Au fur et à mesure des nécessités constatées, les prescriptions particulières relatives soit à certaines professions, soit à certains modes de travail.

Le Comité consultatif d'hygiène publique de France sera appelé à donner son avis en ce qui concerne les règlements généraux prévus sous le 1° du présent article.

Art. 4. — Les inspecteurs du travail sont chargés d'assurer l'exécution de la présente loi et des règlements qui y sont prévus ; ils ont entrée dans les établissements spécifiés à l'article 1er et au dernier paragraphe de l'article 2, à l'effet de procéder à la surveillance et aux enquêtes dont ils sont chargés.

Toutefois, pour les établissements de l'Etat dans lesquels l'intérêt de la défense nationale s'oppose à l'introduction d'agents étrangers au service, la sanction de la loi est exclusivement confiée aux agents désignés à cet effet par les ministres de la Guerre et de la Marine ; la nomenclature de ces établissements sera fixée par règlement d'administration publique.

Art. 5. — Les contraventions sont constatées par les procès-verbaux des inspecteurs, qui font foi jusqu'à preuve contraire.

Les procès-verbaux sont dressés en double exemplaire, dont l'un est envoyé au préfet du département et l'autre envoyé au Parquet.

Les dispositions ci-dessus ne dérogent point aux règles du droit commun quant à la constatation et à la poursuite des infractions commises à la présente loi.

Art. 6. — Toutefois, *en ce qui concerne l'application des règlements d'administration publique prévus par l'article 3 ci-dessus,* les inspecteurs, avant de dresser procès-verbal, mettront les chefs d'industrie *en demeure* de se conformer aux prescriptions dudit règlement.

Cette mise en demeure sera faite par écrit sur le registre de l'usine ; elle sera datée et signée, indiquera les contraventions relevées et fixera un délai à l'expiration duquel ces contraventions devront avoir disparu. Ce délai ne sera jamais inférieur à un mois.

Dans les quinze jours qui suivent cette mise en demeure, le chef d'industrie adresse, s'il le juge convenable, une réclamation au ministre du Commerce et de l'Industrie. Ce dernier peut, *lorsque l'obéissance à la mise en demeure nécessite des transformations importantes portant sur le gros-œuvre de l'usine*, après avis conforme du Comité des arts et manufactures, accorder à l'industriel un délai dont la durée, dans tous les cas, ne dépassera jamais de dix-huit mois.

Notification de la décision est faite à l'industriel dans la forme administrative ; avis en est donné à l'inspecteur.

Art. 7. — Les chefs d'industrie, directeurs, gérants ou préposés qui auront contrevenu aux dispositions de la présente loi et des règlements d'administration publique relatifs à son exécution seront poursuivis devant le tribunal de simple police et punis d'une amende de 5 francs à 15 francs. L'amende sera appliquée autant de fois qu'il y aura de contraventions distinctes constatées par le procès-verbal, sans toutefois que le chiffre total des amendes puisse excéder 200 francs.

Le jugement fixera, en outre, le délai dans lequel seront exécutés les travaux de sécurité et de salubrité imposés par la loi.

Les chefs d'industrie sont civilement responsables des condamnations prononcées contre leurs directeurs, gérants ou préposés.

Art. 8. — Si, après une condamnation prononcée en vertu de l'article précédent, les mesures de sécurité ou de salubrité imposées par la présente loi ou par les règlements d'administration publique n'ont pas été exécutées dans le délai fixé par le jugement qui a prononcé la condamnation, l'affaire est, sur un nouveau procès-verbal, portée devant le tribunal correctionnel, qui peut, après une nouvelle mise en demeure restée sans résultat, ordonner la fermeture de l'établissement.

Le jugement sera susceptible d'appel ; la cour statuera d'urgence.

Art. 9. — En cas de récidive, le contrevenant sera poursuivi devant le tribunal correctionnel et puni d'une amende de 50 à 500 francs, sans que la totalité des amendes puisse excéder 2.000 francs.

Il y a récidive lorsque le contrevenant a été frappé, dans les douze mois qui ont précédé le fait qui est l'objet de la poursuite, d'une première condamnation pour infraction à la présente loi ou aux règlements d'administration publique relatifs à son exécution.

Tout d'abord, l'article 2 de la loi du 12 juin 1893-11 juillet 1903 a soulevé une importante question ; on s'est demandé si l'application des mesures de protection qu'il édicte était ou non subordonnée à la « mise en demeure » prévue à l'article 6.

En un mot, il s'agissait de savoir si les agents de contrôle pouvaient légalement dresser procès-verbal pour contravention à l'article 2, sans avoir mis en demeure, au préalable, dans les formes prévues par l'article 6 de la loi, le chef d'établissement, de faire cesser les contraventions constatées.

Si l'on se reporte aux travaux préparatoires de la loi, on constate que, dans son rapport lu au Sénat, M. Morel, rapporteur, s'exprimait ainsi :

« ... Mais, dans l'article 6, nous établissons une « exception ; c'est ainsi que l'inspecteur peut parfai« tement dresser procès-verbal lorsque les mesures « de sécurité dont je parlais tout à l'heure (il s'agis« sait des mesures prévues par l'article 2) n'ont pas « été observées ; par exemple, lorsqu'un puits ou une « trappe n'est pas fermé, ou lorsqu'un engrenage

« n'est pas couvert. Il y a là un fait matériel que « l'inspecteur peut constater et il peut immédiate- « ment dresser un procès-verbal contre l'industriel.

« Mais il y a d'autres mesures, telles que l'aération, « la ventilation, l'évacuation des poussières, pour « lesquelles l'industriel peut, tout en étant de bonne « foi, se trouver en contravention. Aussi, pour ces « cas, nous vous proposons de décider que, avant de « dresser procès-verbal, l'inspecteur devra mettre le « chef d'industrie en demeure de se conformer aux « prescriptions de la loi.

« Cette mise en demeure sera consignée *par écrit* « sur le *registre de l'usine ;* elle sera datée et signée, « elle indiquera la constatation et fixera un délai, « passé lequel les contraventions devront avoir cessé.

« Cela ne nous a pas paru suffisant. Il peut arriver, « en effet, que les industriels aient à refaire le gros « œuvre de l'usine et que telle ou telle situation « particulière le mette hors d'état d'effectuer ce tra- « vail, au moment où l'inspecteur le leur demande. « Aussi donnons-nous à l'industriel le droit de recou- « rir à M. le ministre du Commerce (aujourd'hui « M. le ministre du Travail), qui, après avoir pris « l'avis du Comité consultatif des Arts et Manufac- « tures, pourra accorder à l'industriel un délai dont « la durée maximum est fixée à trois années... »

La Cour de cassation, par plusieurs arrêts, a interprété l'article 2. Par deux arrêts, 28 mars 1896, 12 juin 1896, elle décidait que les infractions à celles des prescriptions qu'elle déterminait elle-même étaient soumises, pour leur constatation, à la poursuite directe et immédiate, conformément, d'ailleurs, aux lois antérieures sur la matière comme aux règles du droit commun.

Puis, par un nouvel arrêt (2 avril 1897), la Cour décidait que la disposition de l'article 2, d'après laquelle les établissements visés à l'article Ier « *doivent être aménagés de manière à garantir la sécurité des travailleurs* », se coordonne et s'enchaîne avec l'article suivant, aux termes duquel des règlements d'administration publique déterminent les mesures de protection.

Il résulte de cet arrêt, qui a décidé définitivement de la jurisprudence, que les paragraphes 1 et 3 de l'article 2, considérés comme indicatifs, ne peuvent servir de base à une poursuite judiciaire ; seul, le paragraphe 2 reste intact, avec toute sa valeur légale, pour : les roues, les courroies, les engrenages, les puits, trappes et ouvertures.

Toute autre cause de danger ou toute autre disposition contraire à l'hygiène doit être constatée par voie de mise en demeure.

De la mise en demeure

La mise en demeure est parfaitement définie par l'article 6 de la loi du 12 juin 1893-11 juillet 1903 ; les motifs qui ont conduit à son adoption viennent d'être exposés par M. Morel, qui fut le rapporteur de la loi au Sénat.

La valeur de ces motifs est très discutable. On les voit apparaître, seulement en 1893, à la suite de coalitions patronales, disent les esprits chagrins ; il n'en avait jamais été question lorsque, successivement, furent votées les lois de 1874 et 1892, qui contenaient des prescriptions d'hygiène et de sécurité.

Avant de critiquer la mise en demeure, qui est l'une des principales causes du défaut d'hygiène et de sécurité dans l'industrie et le commerce, il importe d'en préciser les conditions d'application au regard de la jurisprudence qui s'est affirmée depuis 1893.

Tout d'abord il a été décidé que l'inspecteur doit *viser* les prescriptions des décrets qui n'ont pas été observées et *préciser* les contraventions qui ont été relevées (Circulaire ministérielle du 13 avril 1898). En même temps que l'inspecteur met un industriel en demeure de se conformer aux règlements, il doit lui faire connaître qu'il peut adresser au ministre du Travail, dans les quinze jours, une réclamation qui laissera l'affaire en suspens (Circulaire ministérielle du 27 mars 1894).

La mise en demeure doit être *datée et signée*, et les inspecteurs n'ont pas à désigner les appareils protecteurs (Circulaire ministérielle du 22 septembre 1898).

Les tribunaux appelés à se prononcer ont décidé à plusieurs reprises que la mise en demeure était une formalité *substantielle*, *créatrice de l'élément pénal* lui-même (Tribunal de Grenoble, 17 janvier 1906) ; elle ne peut être compensée par des *équivalents* ; en particulier, ne remplace pas la mise en demeure, la notification à un chef d'industrie du décret du... par l'inspecteur du travail.

La mention « en hiver, les salles.. devront être convenablement chauffées (art. 5 modifié du décret, 10 mars 1894, délai d'exécution trois mois) », ne peut être considérée comme une mise en demeure ; elle n'indique en aucune façon l'insuffisance de chauffage, elle ne constate pas l'existence d'une contravention ; c'est un simple rappel de la loi, inutile et inopérant (Trib. Lille, 11 mai 1904).

a) En résumé, les inspecteurs doivent faire la mise

en demeure sur le *registre* de l'usine. Cette expression est impropre depuis la loi de 1903 ; elle eût gagné à être modifiée ou précisée ; de quel registre est-il question ?... Le modèle édité par l'administration porte lui-même « qu'il peut être dressé à la main ». Les instructions ont dû reconnaître que ce pouvait être un *registre quelconque*.

La loi de 1893, au contraire de celle de 1892, est muette sur la représentation obligatoire de cette pièce.

L'inspecteur est désarmé devant la disparition de cette pièce qui porte la mise en demeure « créatrice de la contravention »...

La seule sanction possible serait une poursuite basée sur l'article 12 pour « obstacle », sanction peut-être méritée quelquefois, mais le plus souvent trop sévère, et dont l'emploi réitéré ne manquerait pas de soulever les plus vives protestations.

b) La mise en demeure doit être signée et datée, et *indiquer les contraventions.*

On a déjà trouvé des tribunaux qui obligent les inspecteurs à les énumérer une à une, salle par salle, machine par machine...

Dans la réalité, les inspecteurs se dépensent en conseils écrits, se perdent en détails infimes, en vue d'éviter l'acquittement le jour des poursuites judiciaires.

Lorsqu'il s'agit par exemple de consigner une mise en demeure visant quelques machines, la protection de l'incendie, le couchage du personnel et la manipulation du linge sale dans une blanchisserie mécanique, l'inspecteur doit, pour se conformer à la loi et à la jurisprudence, transcrire sur le registre de l'industriel, agacé — on le serait à moins — par la présence à son bureau d'un inspecteur pendant plus d'une heure, la presque totalité du décret du 29 novembre 1904, la totalité du décret du 28 juillet 1904 sur le couchage, la totalité du décret du 4 avril 1905 sur la manipulation du linge sale, ce qui représente 7 à 8 pages d'écriture.

c) La mise en demeure doit fixer un délai, *un mois* au minimum, même lorsqu'il s'agit de mesures d'ordre ou de simples dispositions pouvant être prises sur l'heure.

— Un mois de délai pour assurer le balayage des ateliers !...

— Un mois de délai pour installer un garde-corps aux échafaudages !...

— Un mois de délai pour attacher par une ceinture de sûreté l'ouvrier qui est en danger mortel dans une fosse d'aisances, dans un bac ou dans un puits !...

— Un mois de délai pour couvrir un engrenage dangereux !...

— Un mois de délai pour chauffer les ateliers !...

— Un mois de délai pour enlever les résidus putrescibles !...

— Un mois de délai pour aérer les ateliers !...

— Un mois de délai pour donner, en hiver, un abri au gardien de chantier !...

Etc., etc.

Il est inutile d'insister sur ce chapitre ; si les conséquences de ces délais n'étaient pas aussi graves, au point de vue des accidents, que nous le constaterons plus loin, on ne pourrait qu'en rire.

d) L'inspecteur doit *constater* la contravention,

puis doit la *reconstater* à l'expiration des délais fixés par la mise en demeure. Cela suppose donc au moins deux visites d'un même établissement. Or, nous le savons (voir rapport sur la réforme de l'inspection du travail, M. E. Petit), sur 548,000 établissements qui existent en France, les inspecteurs n'en ont visité que 148,000 en 1906 ; 400,000 établissements, représentant 73 % du total, c'est-à-dire près des trois quarts, n'ont pas été visités du tout pendant l'année 1906. Mais il y a plus encore : à la même époque, 207,000 établissements, représentant 38 % du total, n'avaient *jamais été visités* et on avait calculé qu'au train dont allaient les choses, il faudrait 15 ans au minimum pour que tous l'aient été...

Ainsi donc, avec le régime de la mise en demeure, ce n'est que dans 15 ans, *au minimum*, que toutes les infractions auront été *constatées* et devront disparaître.

e) L'inspecteur doit *constater* la contravention pour pouvoir libeller sa mise en demeure.

Il se trouve des contraventions qu'il est presque impossible de constater. Par exemple : la manœuvre des courroies directement avec la main est une opération des plus dangereuses qui fournit chaque année à la statistique un nombre considérable d'accidents, pour beaucoup mortels. Cette opération si manifestement dangereuse est interdite par l'article 12 du décret du 29 novembre 1904 ; il est à peu près impossible de constater cette infraction ; si la manœuvre d'une courroie est nécessaire lorsque l'inspecteur est dans l'usine, on l'exécute, cela va de soi, d'une manière non critiquable, quitte à procéder d'une autre façon, plus rapide et plus simple, mais plus dangereuse, après son passage.

Le danger du travail dans les fosses d'aisances, danger attribué à la présence de l'hydrogène sulfuré, est bien connu ; de véritables catastrophes ont depuis longtemps appelé l'attention sur ce point : à Paris, à Lagny (Seine-et-Marne), 1906 ; à Audeville (Oise), 1906 ; à Juzier (Seine-et-Marne), 1906, etc., etc.

Il est prescrit par le décret du 29 novembre 1904 que, pour éviter les accidents, les ouvriers vidangeurs et puisatiers seront attachés avec des ceintures de sûreté, mais, comme la vidange des fosses d'aisances s'effectue ordinairement la nuit et que, comme pour le fonçage des puits, les travaux s'exécutent en des endroits variables chaque jour, inconnus des inspecteurs, il en résulte une quasi-impossibilité de faire la constatation nécessaire pour légitimer une mise en demeure sans laquelle la loi reste lettre morte, et les accidents continuent.

Il serait possible de multiplier les exemples où la législation protectrice de l'hygiène et de la sécurité, bien que très complète et très minutieuse, reste sans aucune application pratique, par le fait de la mise en demeure. On peut même craindre que la loi de 1893-1903 n'ait affaibli la protection au lieu de la renforcer ; sous le régime antérieur à cette loi, régime de droit commun, l'industriel négligent était exposé, en cas d'accident, à une action judiciaire caractérisée sous la qualification de « blessure ou homicide par imprudence », et les tribunaux, à cette époque, ne manquaient pas de rechercher tous les éléments de faute, en vue d'assurer à la victime le bénéfice de l'article 1382 du Code civil ; car alors, la loi du 9 avril 1898 n'existant pas, il fallait faire la preuve de la faute du patron ou de ses préposés pour obtenir une indemnité.

La loi de 1893, en organisant la procédure de la mise en demeure, a évité au capital de nombreuses actions judiciaires ; on ne peut que regretter son action néfaste, au moment où précisément la reconnaissance du risque professionnel et l'établissement d'un régime forfaitaire allégeaient les industriels en faisant disparaître les conséquences qui découlaient des fautes commises par le défaut de protection.

Pour mettre en évidence les conséquences du régime institué par la loi de 1893-1903, il nous suffit d'examiner ce que ce régime a donné au point de vue de la sécurité. Il est bien évident que le nombre des accidents qui surviennent par le fait du travail, rapportés au nombre d'ouvriers occupés, est un critérium infaillible des résultats donnés par 15 ans d'application de la loi qui nous occupe.

Cette question des accidents est intéressante à plusieurs titres :

Au point de vue humanitaire, l'indifférence n'est pas permise ; suivant la forte parole d'Engel-Dollfus, « le fabricant doit autre chose à ses ouvriers que le salaire », il leur doit la protection la plus complète, pour éviter les accidents dont les conséquences sont désastreuses pour tous.

Les accidents du travail pris dans leur généralité constituent une véritable calamité publique, sans cesse renaissante ; le capital paye pour ces accidents 80 millions par année ; le travail paye un tribut qui se chiffre par 2,500 morts et plusieurs centaines de mille mutilés et blessés. Du 1er juillet 1899 au 31 décembre 1908, 18,708 ouvriers ont été tués et 140,800 ont été mutilés d'une manière permanente ; il suffit de songer aux conséquences terribles qu'entraînent tous ces accidents pour les familles ouvrières, pour légitimer toutes les mesures qui tendent à en réduire le nombre, pour le plus grand bienfait de tous.

C'est pénétré de ces motifs et poussé par la grandeur du but à atteindre que nous considérons comme justifiées les conclusions très sévères auxquelles nous allons aboutir.

—

Étude comparative des accidents du travail

Des deux objectifs visés par la loi de 1893-1903, la sécurité et l'hygiène, le premier seul peut être évalué d'une manière précise, au moyen de chiffres statistiques.

Avant d'entrer dans le détail de cette étude, nous rappellerons que la prévention des accidents n'est pas exclusive à l'inspection du travail. Plusieurs associations, pour prévenir les accidents des fabriques, convient tous les gens de cœur à s'associer à l'œuvre qu'elles ont entreprise. Il est incontestable que leurs efforts ont, dans une très large mesure, contribué à combattre les causes d'accidents, parallèlement à l'inspection du travail.

Malheureusement, ces associations sont loin de grouper la totalité des chefs d'industrie, et, tout en rendant hommage à leurs efforts, on est obligé de constater que, lorsqu'elles ont échoué par la persuasion, elles restent complètement désarmées en présence de l'inertie de leurs membres.

Les accidents du travail sont évalués dans les tableaux qui suivent, au moyen des chiffres statistiques publiés chaque année par le Ministère du Travail dans différentes publications telles que : le Bulletin de l'Office du travail, les Rapports annuels de la Commission supérieure du travail à M. le Président de la République et dans les recueils de documents sur les accidents du travail.

En particulier, nous nous servirons des derniers recueils parus, nos 34 et 36, année 1909 (direction de l'Assurance et de la Prévoyance sociales).

Pour la comparaison des statistiques des dernières années, il importe de rappeler que la loi de 1898 a été successivement modifiée en 1899 par l'adjonction de certains accidents agricoles et, en 1906, par l'adjonction des accidents du travail survenus dans les établissements de commerce. Lorsqu'on comparera ces statistiques, il faudra tenir compte de ces modifications qui sont plus apparentes que réelles, car déjà les établissements de commerce étaient soumis à la formalité de la déclaration, depuis l'année 1903, par application de l'article 11 de la loi du 12 juin 1893-11 juillet 1903.

Statistique par professions des accidents déclarés — TABLEAU I

CATÉGORIES PROFESSIONNELLES	NOMBRE D'ACCIDENTS DÉCLARÉS EN : 1901 déduction faite des accidents ayant occasionné une incapacité de 4 jours et moins	1902	1903	1904	1905	1906	1907
Pêche (Établissements ayant un un caractère industriel)	82	51	86	92	118	114	107
Forêts, agriculture (Établissements ayant un caractère industriel)	2.805	3.835	3.359	2.932	2.880	2.714	3.234
Industries extractives (Industries annexes des) [1]	199	314	220	346	303	385	313
Industries de l'alimentation	14.556	13 379	13.159	13.374	15.276	17.091	19.315
Industries chimiques	9.963	9.782	9.575	10.466	13.0[illegible]9	15 64[illegible]	17.777
Caoutchouc, papier, carton	3.789	3 441	3.330	3.408	4.491	5 6[illegible]3	6.577
Industries du livre	2.162	1.988	1.859	2.054	2 455	2.737	3.033
Industries textiles proprement dites	14.506	15.272	14.618	14.481	16 537	20.419	23.518
Travail des étoffes, vêtements	1.710	1 694	1.678	1.721	2.197	2.633	3.246
Travail des pailles, plumes, crins	147	163	218	170	177	250	324
Cuirs et peaux	3.404	3 312	3.072	3.102	3.697	4.295	4.829
Industries du bois	16.677	16.912	15.470	15.540	17.962	20.034	22.869
Métallurgie	17 664	16.087	15.750	17 466	22.001	2[illegible].676	31.175
Travail des métaux ordinaires	46 847	44.644	42 935	45 688	54.796	67 012	74.809
Travail des métaux fins	196	334	321	310	367	429	609
Taille des pierres précieuses	35	30	57	34	30	41	39
Taille et polissage des pierres	1.3[illegible]	994	969	1.001	1.084	1.216	1.218
Terrassement, construction en pierre	34.034	31,973	23.889	29.030	33.750	38.786	41.905
Travail des pierres et terres au feu	8.593	8.845	8.360	8.564	9.9[illegible]9	12 445	14.114
Manutention Transports	38.680	34.633	32.215	[illegible]4.330	38.492	44 959	16.317 35.781
Commerces divers	8.933	12.941	12.935	15.284	17.218	19.835	27.994
Commerce forain, spectacles, agences, etc.	»	»	»	»	»	»	174
Banques, assurances, etc.	»	»	»	»	»	»	24
Professions libérales	42	112	86	84	138	123	269
Soins personnels, service domestique	199	164	152	141	151	223	342
Service de l'État, des départements et des communes	2.677	2 366	2.420	5.306	2.784	3.167	3.[illegible]35
TOTAUX	229.162	223.286	212 753	222.124	259 882	306.860	359.747

(1) Les mines proprement dites ni les carrières ne sont placées sous le contrôle de l'inspection du travail au point de vue de la déclaration des accidents. Elles ne figurent pas par suite dans cette statistique.

Statistique des accidents d'après leurs causes matérielles

Tableau II

Numéros d'ordre	Causes matérielles d'accidents	Nombre d'accidents déclarés en :						
		1901 (1)	1902	1903	1904	1905	1906	1907
1	Moteurs	658	683	556	525	531	619	751
2	Transmissions	2.279	1.910	1 761	1.792	1.917	2.071	2.225
3	Machines outils, métiers, etc.	17.873	18.576	18.756	18.892	21.894	25.032	28.100
4	Ascenseurs, grues, appareils de levage, puits d'extraction	1.886	2.020	1.890	2.114	2.485	2.976	2.929
5	Chaudières à vapeur, autoclaves, etc.	336	358	287	275	270	306	341
6	Explosifs, poudres, dynamite, explosions de gaz, etc	364	314	336	384	349	491	632
7	Matières incandescentes, brûlantes, corrosives.	12.681	11.881	11.822	12.674	15.330	18 155	20.[illegible]
8	Éboulements, chutes d'objets	35.439	32.327	31.474	33.109	37 768	45.597	67.483
9	Chute de l'ouvrier du haut d'une échelle, d'un escalier, d'un échafaudage, dans des excavations, etc.	44.108	40.227	37.476	38.275	45.007	53.418	63.450
10	Manutention des fardeaux	41.226	41.179	41.431	44 574	53.138	63.334	67.013
11	Traction mécanique, conduite des voitures, accidents causés par les animaux	14.818	16.814	15.600	17.7[illegible]7	21.133	23.311	26.397
12	Outils à main (marteaux, haches, scies, etc.)	17.447	17 904	17.214	17.431	21.323	24.427	27.227
13	Electricité (accidents causés directement par le courant)	»	»	»	»	»	»	403
14	Electricité (accidents causés indirectement par le courant)	»	»	»	»	»	»	168
15	Causes diverses	28.022	35.077	32.372	32.686	37.086	45.279	49.[illegible]23
16	Causes inconnues	12.025	4.016	1.478	1.606	1.6[illegible]1	1.844	[illegible].966
	Totaux	229.162	223.286	212.753	222.124	259.882	306.860	359.747

(1) Déduction faite des accidents ayant occasionné une incapacité de 4 jours et moins.

Pourcentage des accidents par catégories professionnelles et par années TABLEAU III

CATÉGORIES PROFESSIONNELLES	NOMBRE D'ACCIDENTS PAR 1.000 OUVRIERS EN :						
	1901	1902	1903	1904	1905	1906	1907
dustries de l'alimentation.	69,9	61,4	45,1	42,8	47,3	52,3	51,2
dustries chimiques	108,4	96,2	93,1	96,9	122,4	144,7	150,9
outchouc, papier, carton	59,4	50,8	47,5	50,8	59,7	73,7	78.3
dustries du livre	27,6	25,3	23,7	25.7	29,5	31,8	35,1
dustries textiles proprement dites	26,3	24,9	23,0	22,7	25,9	31,8	35,9
avail des étoffes, vêtements	4,8	4,9	4,8	4,6	5,8	6,6	8.2
avail des pailles, plumes, crins.	14,3	11,9	13,9	9,7	11,2	15,5	20.1
irs et peaux	29,9	28,1	24,6	24,8	24,4	32.3	36,2
dustries du bois.	69.6	64.4	54.6	54,1	63,6	68,8	76.7
étallurgie	201,1	186,6	190,7	213,0	257,4	29[illegible],3	298,5
avail des métaux ordinaires	108,2	99,9	95,2	97,8	114,5	136,2	152,9
avail des métaux fins.	13,7	19,6	17,0	16,3	18,3	21,8	29,7
ille des pierres précieuses	22,3	18,6	35.1	18,9	15,5	21,5	16,5
ille et polissage des pierres.	68,3	46,9	49;9	50,1	53,4	59,1	57,6
rrassement, construction en pierre	139,4	126,2	116,3	108,7	123,7	140,3	149,4
avail des pierres et terres au feu.	57,8	59,2	54,8	55,9	64,6	79,6	87,2
mmerces divers.	»	»	»	35,9	34,1	44,8	62,4
mmerce forain, spectacles, agences, etc.	»	»	»	»	»	»	12,3
nques, assurances, etc.	»	»	»	»	»	»	0,7
Pour l'ensemble des professions.	63,4	77,1	54,9	52,8	61,3	71,4	96.2

TABLEAU IV

Nombre d'accidents d'après les déclarations au service de l'Inspection du travail. (Chiffres relevés dans le *Bulletin de l'Office du travail*).

ANNÉES	Accidents mortels	Incapacités permanentes	Incapacités temporaires	Suites inconnues	TOTAUX
1904	1.377	4.243	212.887	3.617	222.124
1905	1.470	4.589	250.619	3.1[illegible]4	259.842
1906	1.499	4.655	296.339	4.367	306.860
1907	1.762	5.191	347.911	4.883	359.747
1908	1.609	5.018	342.017	5.383	354.027

TABLEAU V

Relevé des ordonnances et jugements rendus en matière d'accidents du travail en vertu de l'article 16 de la loi du 9 avril 1898 (du 1er juillet 1899 au 31 décembre 1908).

ANNÉES	TOTAL	CAS DE MORT		INCAPACITÉ PERMANENTE totale		INCAPACITÉ PERMANENTE partielle	
		Nombre	P. 100	Nombre	P. 100	Nombre	P. 100
1899 (2e semestre)	899	534	59,4	13	1.4	352	39,2
1900.	6.543	1.562	23,9	139	2,1	4.842	74,0
1901.	10.627	1.729	16,3	227	2,1	8.671	81,6
1902.	12.241	1.613	13.2	198	1,6	10.480	85,2
1903.	13.853	1.524	11,0	179	1,3	12.150	87,7
1904.	15.303	1.560	10,2	197	1,3	13.546	88,5
1905.	19.802	2.138	10.8	171	0,9	17.473	88,3
1906.	24.547	3.144	12,8	149	0,6	21.254	86,5
1907.	26.138	2.413	9,2	141	0,5	23.584	90,2
1908.	29.632	2.491	8,4	156	0,5	26.985	91,1
TOTAUX.	159.585	18.708	11,7	1.570	1,0	139.307	87,3

Tableau VI

Nombre d'accidents de travail (1)

(d'après les ordonnances et jugements rendus en exécution de l'article 16 de la loi de 1898)

ANNÉES	MORTS	INCAPACITÉS PERMANENTES	
		Totale	Partielle
Année 1904	1.366	171	12.397
Année 1905	2.049	159	16.578
Année 1906	1.846	130	19.808
Année 1907	2.117	118	21.720
Année 1908	2.140	132	24.749

(1) Non compris les ordonnances et les jugements relatifs aux accidents survenus dans les mines, minières et carrières.

COMPARAISON
pour chacun des groupes industriels et pour chaque année de la période 1899-1905 du nombre d'accidents graves déclarés par les Sociétés d'assurance contre les accidents du travail et du nombre D'OUVRIERS COMPLETS (1)

On appelle « ouvrier complet » le salaire moyen annuel d'un ouvrier de la profession considérée. Il permet de déterminer le nombre d'ouvriers complets d'une profession, ce nombre s'obtient par la formule :

$$\frac{\text{Montant des salaires payés au personnel du groupe pendant une année.}}{\text{Salaire moyen annuel à un ouvrier du groupe.}}$$

Les renseignements nécessaires à l'établissement au numérateur de cette formule ont été fournis par les compagnies d'assurance. On a pu ainsi faire porter la statistique des « ouvriers complets » sur la même période que celle des accidents.

(1) Extrait du *Recueil des accidents de travail*, n° 36, p. 15 et suiv.

DÉSIGNATION DES GROUPES INDUSTRIELS ASSURÉS	ACCIDENTS GRAVES DÉCLARÉS PROPORTION POUR 10.000 "OUVRIERS COMPLETS"					
	1900	1901	1902	1903	1904	1905
ines, minières, carrières souterraines, carrières à ciel ouvert	52,9	63,6	78,4	79,9	87,5	100,2
euneries, sucreries, distilleries, brasseries, industries se rapportant à l'alimentation	25,4	31,7	28,0	28,4	28,3	31,0
auts-fourneaux, forges et aciéries, chaudronnerie, fonderie, ferronnerie, maréchalerie, petite mécanique	46,6	49,6	57,0	60,3	67,7	76,8
oduits chimiques et dérivés, usines d'éclairage et d'électricité, cuirs et peaux	29,0	32,5	33,5	34,1	45,5	49,8
apier et industries de transformation, imprimerie	22,5	29,5	28,6	27,7	27,4	32,8
ntreprises de travaux publics, construction, maçonnerie, charpentes en bois et en fer, menuiserie, peinture, plomberie, canalisation	59,2	61,4	72,3	73,9	78,2	96,2
avail du bois, ébénisterie, tabletterie, brosserie, vannerie, articles de Paris	45,4	64,2	63,7	62,1	62,2	71,4
oterie, céramique, verrerie	19,4	24,3	31,7	33,1	33,1	36,0
dustries textiles, habillement	14,8	17,4	16,5	16,6	15,3	18,2
ansport par terre et par eau, entreprises de chargement et de déchargement	56,6	63,4	69,7	68,9	67,8	79,8
RICOLES. — Batteuses et macihnes agricoles, exploitation agricole	46,6	54,1	42,6	42,9	37,0	45,8
VERS. — Industries dont le classement reste indécis	20,0	30,0	19,7	22,4	28,5	19,6
Pourcentage général	36,5	41,4	43,6	44,4	46,4	53,2

Charges imposées par les accidents du travail

Les charges résultant en 1908 des accidents du travail se décomposent comme suit :

Rentes à la suite d'accidents ayant entraîné la mort ou une incapacité permanente....... 3.592.381 fr.

Indemnités pour incapacités temporaires .... 21.478.515 »

Le mouvement des charges du titre « Incapacité temporaire » donne lieu aux constatations suivantes :

En 1904, pour 3.149.993.700 francs de salaires assurés, la dépense, au titre « Incapacité temporaire », s'est élevée à.......................... 11.610.777 fr.

En 1906, pour 3.614.972.820 francs de salaires assurés, la dépense au même titre s'est élevée à............ 17.176.273 »

En 1907, pour 4.189.346.269 francs de salaires assurés, la dépense en question s'élève à................... 21.478.515 »

Il en résulte que, rapportée à 100 francs de salaires, la charge d'incapacité temporaire équivaut :

En 1904, à............... 0 f.368596
En 1906, à............... 0 f.475141
En 1907, à............... 0 f.512694

Soit une augmentation, en 1906, sur 1904, de 29 % du chiffre de 1904 et, en 1907, une augmentation de 7,90 % du chiffre de 1906, et, sur 1904, de 39 % du chiffre de 1904. Il ne faudrait pas en conclure, d'ailleurs, que ce dernier taux représente l'accroissement des charges des « Incapacités temporaires » résultant de l'application de la loi du 31 mars 1905 ; il provient surtout d'un plus grand nombre d'accidents.

Les règlements des sinistres, comprenant les indemnités journalières, les frais médicaux et pharmaceutiques, les frais funéraires, les capitaux constitutifs de rente et les réserves complémentaires, ont occasionné les dépenses suivantes :

En 1901............	43.525.140 f. »
En 1902............	49.670.079 »
En 1903............	46.313.476 »
En 1904............	46.684.593 »
En 1905............	57.356.945 »
En 1906............	67.098.085 »
En 1907............	85.669.427 »

La prime pure, résultant du coût des sinistres tel qu'il vient d'être indiqué, et rapportée à 100 francs de salaires, fait ressortir les chiffres suivants :

En 1901......................	1,53
En 1902......................	1,68
En 1903......................	1,51
En 1904......................	1,49
En 1905......................	1,72
En 1906	1,85
En 1907......................	2,04

Quelques observations sur les tableaux qui précèdent. — Le tableau I fait apparaître la progression constante et véritablement effrayante du chiffre des accidents du travail, qui ont augmenté de 130,000 en 7 années (1901-1908). Cette augmentation ne saurait être attribuée à l'influence de la loi du 12 avril 1906, car les accidents déclarés dans les établissements de commerce sont de :

Année 1904................	15.284
Année 1905................	17.218

Année 1906.................. 19.835
Année 1907.................. 28.192

soit à peine 10 % de l'augmentation totale.

Le tableau II fait constater en particulier que la seule catégorie d'accidents qui est surveillée par un autre corps que l'inspection du travail et *sans mise en demeure*, les chaudières à vapeur et autoclaves, n'a pas augmenté, de 1901 à 1907, malgré que le nombre de ces engins soit incontestablement en voie d'augmentation.

Le tableau III permet de voir avec précision le pourcentage des accidents augmenter de façon continue ; en général, il passe de 63,4 pour 1,000 ouvriers à 96,2, malgré l'influence décroissante des établissements commerciaux, introduits par la loi de 1906, qui sont à faibles risques.

Dans certaines professions l'augmentation est considérable. Dans la métallurgie, le risque passe de 201 pour 1,000 à 298,5 pour 1,000, soit une augmentation de 50 % sur le chiffre de 1901 ; les métaux ordinaires suivent la même progression et passent de 108,2 pour 1,000 à 152,9 pour 1,000.

On ne saurait motiver l'augmentation que nous constatons par l'influence plus ou moins arbitraire des évaluations médicales, comme la chose a été affirmée dans d'autres assemblées ; on ne saurait non plus la motiver par une plus exacte déclaration des accidents ; si nous nous reportons au tableau V, nous voyons que les accidents mortels — on ne simule pas la mort et ce grave accident a toujours été déclaré — augmentent dans la même proportion que l'ensemble des accidents du travail : ils passent de 1,562, en 1900, à 2,491 en 1908 ; et si nous ventilons (tableau VI) cette statistique, pour ne conserver que les seuls accidents survenus dans les établissements soumis au contrôle de l'inspection du travail et à l'application de la mise en demeure, nous constatons qu'ils passent de 1,366 en 1904 à 2,140 en 1908, soit une augmentation de 779, représentant 57 % du chiffre de 1904.

Critique de la mise en demeure

Les considérations qui précèdent montrent jusqu'à l'évidence que le rôle tutélaire de l'Etat, en faveur des ouvriers comme en faveur de l'industrie, au regard des accidents du travail, a été jusqu'à ce jour insuffisant.

Le bilan que nous venons d'établir montre que chaque année les accidents suivent une progression croissante, coûteuse et désastreuse à tous les points de vue ; il est grand temps d'enrayer ce mouvement ascensionnel et de renforcer le contrôle...

Puisque, par une exception qu'il n'est pas inutile de souligner, les intérêts du capital et du travail sont identiques au regard de cette partie de la législation ouvrière qui traite de la protection des ouvriers, nous serons en droit de nous montrer sévères pour le plus grand profit de tous.

Les motifs qui font que le contrôle est insuffisant sont nombreux ; ils tiennent pour une certaine part, qui a été mise en évidence dans le remarquable rapport de M. Eugène Petit, sur la réforme de l'inspection du travail en France, qui a été présenté et discuté par notre Société en 1908, dans l'insuffisance numérique et technique du corps même de l'inspection du travail, en présence de l'augmentation du nombre des ateliers soumis à sa surveillance et en présence des applications scientifiques dans toutes les branches (chimique, mécanique, électrique, thermique, etc.) de l'industrie française.

A cette cause, il convient d'ajouter les difficultés d'application de la loi et de ses règlements, exposées plus haut, par le fait de la mise en demeure.

Cette procédure pourrait être, sans aucune difficulté, simplifiée par la suppression de l'article 6 de la loi du 12 juin 1893-11 juillet 1903 ; cette suppression est possible à tous les égards ; on ne saurait, comme il a été exposé dans le rapport de M. Morel, précité, craindre un régime d'arbitraire résultant du fait de contrôle. Les contrevenants appelés devant les tribunaux ont ouvertes devant eux toutes les voies de la procédure et sont appelés à exposer devant les tribunaux toutes les raisons, bonnes ou mauvaises, qu'ils auraient de se refuser à appliquer les lois et règlements.

Il n'est pas inutile, non plus, de souligner que tous les règlements qu'il s'agit d'appliquer ont été rendus après avis du Conseil d'Etat, des Commissions techniques (Comité consultatif d'hygiène de France, Comité consultatif des Arts et Manufactures, Comité d'électricité).

La haute autorité qui s'attache avec raison aux décisions de ces organes administratifs, où les industriels eux-mêmes sont très largement représentés, est suffisante pour faire disparaître de ce côté toute crainte d'arbitraire.

Il faut se rappeler aussi que les décisions des inspecteurs départementaux sont visées en deuxième ressort par les inspecteurs divisionnaires qui, tant par leurs connaissances pratiques que par leurs longs services, ont acquis cet esprit de tact et de modération nécessaire à l'application de lois aussi délicates que celles qui touchent aux conditions du travail. Enfin, si, sous le rapport technique on craint des erreurs possibles, notre Société aura à examiner si, afin de donner à l'inspection du travail l'autorité qui lui est nécessaire (voir rapport en 1909 de la Commission supérieure du travail à M. le Président de la République pour l'application des lois en 1908, *Journal officiel*, 3 octobre 1909, p. 1242), il n'y aura pas lieu de reprendre les vœux que vous avez émis en 1908, à la suite du rapport précité de M. Petit touchant à la spécialisation de certains inspecteurs.

Sans vouloir rechercher pour l'instant ce qui a été fait à l'étranger — cela nous entraînerait hors du cadre de ce rapport forcément restreint — il nous suffira, pour montrer la possibilité de supprimer la mise en demeure sans inconvénient, d'établir une comparaison entre les règlements de contrôle émanant du Ministère des Travaux publics et ceux identiques émanant du Ministère du Travail.

Lorsqu'en infraction aux règlements de voirie qui ne prévoient pas de mise en demeure, un individu a enlevé un pavé du milieu d'une route, pour le plus grand dommage de la circulation, on ne lui fait pas de mise en demeure, on lui enjoint purement et simplement d'avoir à reboucher le trou sans aucune espèce de délai. Il pourrait en être de même pour la plupart des prescriptions rendues en décision de la loi de 1893.

Si le même individu a négligé d'éclairer la nuit un dépôt effectué sur la voie publique, on lui enjoint sans délai d'avoir à le faire ; le contraire ne se comprendrait pas.

Mais, si un vaste chantier, avec des fouilles très profondes, a été établi sur la voie publique, en infraction aux règlements, pour tel motif qu'il plaira d'imaginer (pose de conduites, câbles, etc.), l'agent chargé du contrôle, qui sait pertinemment qu'un semblable chantier, en raison de son importance, ne peut disparaître du jour au lendemain, va enjoindre, par lettre, à l'intéressé, d'avoir à se conformer aux règlements se rapportant à la matière, et après accord amiable ; en pratique, on fixe un délai à l'expiration duquel seulement procès-verbal est dressé s'il y a lieu.

Cette procédure, qui n'a jamais soulevé de réclamation, pourrait être mise en pratique pour les rares prescriptions (évacuation des poussières ou de la buée, par exemple) qui sont prévues par les règlements rendus en exécution de la loi de 1893-1903 et qui nécessitent des modifications importantes dans le gros œuvre de l'usine.

Si l'on examine le décret du 9 octobre 1907, émanant du Ministère des Travaux publics et portant règlement pour les appareils à vapeur dans les usines, on constate que ce décret, en tous points semblable, quant à sa forme, aux règlements pris par le Ministère du Travail, en exécution de la loi qui nous occupe, énonce en 50 articles les mesures de sécurité et les formalités prévues pour éviter les accidents du fait des générateurs, et dans son article 44 il prévoit :

« Que les contraventions seront constatées, pour-« suivies et réprimées, conformément aux lois. »

Il n'est pas question de mise en demeure.

Cette législation, qui n'a pas soulevé non plus de réclamation, a, comme nous l'avons déjà dit, donné d'excellents résultats (voir tableau n° 2).

Le chiffre des accidents causés par les chaudières à vapeur, bien que le nombre de ces appareils augmente tous les jours, était de 336 en 1901, et, après être tombé à 270 en 1905, 306 en 1906, il reste à 341 en 1907.

Si l'on compare maintenant deux règlements : le décret du 11 juillet 1907 sur la prévention des accidents causés par les courants électriques rendu en exécution de la loi de 1893 (Ministère du Travail) et l'arrêté technique du 21 mars 1908, rendu en exécution de la loi du 15 juin 1906 sur les distributions d'énergie électrique (Ministère des Travaux publics), on constatera tout d'abord qu'un grand nombre de dispositions de ce dernier règlement sont empruntées au premier et aussi au décret du 29 novembre 1904, en particulier les articles 1 ; 3, § 4 ; 5, § 1er ; 11 ; 12, §§ 2, 3, 4 ; 14 ; 15 ; 16 ; 17, etc., etc.

Si l'on examine les conditions d'application de l'arrêté technique du 21 mars 1908, on est conduit à remarquer que son application est régie par l'article 25 de la loi du 15 juin 1906, qui ne prévoit aucune mise en demeure et inflige aux contrevenante pour la première fois, et sans préjudice de l'application des pénalités prévues au Code pénal en cas d'accident, une amende de 16 à 3,000 francs.

Si l'on se rappelle que les exploitations électriques, au regard de la prévention des accidents, sont divisées en deux parties : les usines contrôlées par les inspecteurs du travail (loi de 1893, décret du 11 juillet 1907) ; les sous-stations et les lignes, contrôlées par les agents du Ministère des Travaux publics (loi du 15 juin 1906, arrêté technique du 21 mars 1908), on en arrive à constater que pour un même industriel et pour une infraction absolument identique, suivant qu'elle se produit dans l'usine ou en dehors de l'usine, la procédure appliquée est dans le premier cas celle de la mise en demeure à la première contravention et 1 franc d'amende à la seconde, avec la compétence du tribunal de simple police ; et, dans le deuxième cas, 16 à 3,000 francs d'amende pour la première contravention avec la compétence du tribunal correctionnel.

Ce rapprochement est absolument typique et montre jusqu'à l'évidence le point faible des règlements protecteurs pris en exécution de la loi de 1893, et puisqu'un même règlement peut être appliqué par un autre département ministériel sans mise en demeure et sans arbitraire, on ne conçoit pas pourquoi il n'en serait pas de même des règlements qui nous occupent.

Cette constatation touchant à l'industrie électrique n'est pas sans intérêt ; le tableau ci-après montre qu'il est urgent, dans cette industrie comme dans toutes les autres, de s'occuper activement de la prévention des dangers professionnels.

De 1904 à 1908, le chiffre des accidents passe de 235 à 502 pendant que celui des morts, dans le même temps, passe de 20 à 58 par année.

La chose ne saurait nous étonner. Le décret du 11 juillet 1907, qui prévoit les causes de ces accidents, risque de rester lettre morte, grâce à la mise en demeure. Nous pourrions citer, à titre d'exemple, une usine importante de l'un des secteurs parisiens où, malgré toute l'attention de l'inspecteur chargé du contrôle, les accidents mortels se multiplient d'une manière désastreuse.

Le 7 avril 1909, l'ouvrier Pagnon est tué en travaillant sur des conducteurs en charge ; le 20 mai 1909, le contremaître est tué en effectuant une opération semblable au même endroit (tableau de distribution).

Le 30 octobre 1909, un troisième ouvrier est tué, en travaillant encore sur une ligne en charge (1).

En raison des motifs qui viennent d'être exposés et sans méconnaître la valeur des autres causes d'augmentation des accidents, nous émettons le vœu de voir prendre en considération une modification de la loi de 1893-1903, supprimant la procédure de la mise en demeure, par analogie avec la procédure (droit commun) adoptée par le Ministère des Travaux publics pour l'application de ses règlements de gestion ou de contrôle (règlements de voirie, protection des appareils à vapeur, protection des travailleurs occupés dans les distributions d'énergie électrique). »

---

(1) Relevé des accidents survenus dans les distributions urbaines d'électricité

(d'après les ordonnances et jugements rendus en vertu de l'article 18 de la loi du 9 avril 1898)

ANNÉES	MORTS	INCAPACITÉS PERMANENTES	
		Totale	Partielle
Année 1904.	20	3	212
Année 1905.	22	5	251
Année 1906.	30	4	208
Année 1907.	41	4	384
Année 1908.	58	5	439

NOTA. — Le nombre des accidents causés par les courants électriques dans toutes les usines s'élève à 571, dont 28 mortels, en 1908.

M. Briat. — Messieurs, j'ai terminé la lecture du rapport que notre Association m'avait chargé de vous présenter. Mes conclusions, comme vous le voyez, sont très sévères, mais je crois que nous pourrons trouver un terrain d'entente.

M. le Président. — Je crois être l'interprète de toute l'assemblée en remerciant M. Briat de son très intéressant rapport, que nous avons écouté avec le plus vif intérêt.

Nous allons ouvrir la discussion sur le rapport de M. Briat.

M. Razous. — M. Briat est arrivé à des conclusions très énergiques puisqu'il demande la suppression de la mise en demeure.

Pour arriver à cette suppression, il se sert de statistiques, qui sont certainement exactes, mais ces statistiques s'occupent, non pas des accidents réels, mais des accidents déclarés, des accidents indemnisés.

Il y a un fait dont il faut tenir compte : avant l'application de la loi de 1898, l'ouvrier était moins au courant des formalités judiciaires à suivre pour arriver aux indemnités auxquelles il avait droit ; son éducation s'est faite peu à peu et un plus grand nombre d'accidents ont été portés à la connaissance du service de l'inspection du travail. Par conséquent, l'augmentation du chiffre des accidents telle qu'elle est donnée par M. Briat ne résulte nullement du manque de prévention.

D'après les statistiques dont nous a parlé M. Briat, il serait presque établi que le corps de l'inspection du travail n'a rien fait, et j'estime au contraire qu'il a poursuivi par tous les moyens en son pouvoir la prévention des accidents.

M. Briat nous a ensuite donné une statistique concernant les accidents des chaudières à vapeur. Je me permets de lui dire que ces statistiques, tout en étant exactes, nous donnent une fausse idée de la progression des accidents. Ceux-ci sont en effet, en général, très graves ; ce n'est pas le nombre d'accidents qui doit entrer en ligne de compte, c'est le nombre des blessés. J'ai constaté que, certaines années où il y avait moitié moins d'accidents, il y avait souvent deux fois plus de victimes, parce que l'accident causait 10, 15, 20 victimes, alors que d'autres ne causaient aucun accident de personne.

Par conséquent, le point de départ que nous a donné M. Briat, en cette matière, doit être examiné avec le plus grand soin.

En ce qui concerne la mise en demeure elle-même, M. Briat nous a dit, dans son rapport, que la mise en demeure gênait considérablement l'action de l'inspection du travail et ne permettait pas, comme nous le désirons, la prévention des accidents.

En matière de prévention ou en matière d'hygiène industrielle, qu'a-t-on en vue ? A-t-on en vue la répression proprement dite ? Si vous le voulez, évidemment supprimez la mise en demeure ; on arrivera dans une usine, on dressera un procès-verbal, le patron sera poursuivi ; mais, une fois que le procès sera terminé et payé, il n'y aura pas de prévention.

Au contraire, qu'a eu en vue le législateur ? Il a eu en vue d'inciter les industriels à faire de la prévention à la suite des indications que lui aurait fournies un conseil compétent qui lui montrerait, dans une conversation, d'une manière sinon officielle, du moins officieuse, la façon d'opérer. Par conséquent, ce qu'il faut avant tout, c'est une action préventive plutôt que répressive. Voilà pourquoi je crois que, en principe, la mise en demeure est nécessaire.

M. Briat a fait également allusion à un rapport qui datait de 1906, à un rapport de M. Petit. Dans ce rapport, qui a d'ailleurs été très bien fait à divers points de vue, on met en doute la valeur de l'inspection du travail. Je tiens à dire qu'à ce moment le service était très compétent. Je ne dis pas qu'il ne le soit plus ; mais, s'il y a une moindre compétence, cela tient, selon moi, à la simplification des programmes. Je ne discute pas ce point.

Pour en revenir à la mise en demeure même, je ferai quelques concessions à M. Briat. J'estime que la mise en demeure peut occasionner quelquefois des accidents, par exemple dans le cas des échafaudages : on voit sur un chantier un échafaudage monté dans des conditions défectueuses ; le plus souvent, la mise en demeure est nuisible, car, au bout du délai, le chantier n'existe plus ; la mise en demeure n'a par suite aucun effet utile.

J'estime donc qu'il ne faudrait pas de mise en demeure, non seulement pour le cas dont je viens de vous parler, mais encore pour toutes les entreprises temporaires. Je ne parle pas de certaines industries transportables qui sont soumises au contrôle d'une seule section de l'inspection du travail ; mais, pour toutes les entreprises passagères ou transportables qui ne sont pas spécialement visées, je suis de l'avis de M. Briat : il ne faut pas de mise en demeure parce qu'elle n'est pas applicable. Ainsi, par exemple, vous connaissez les usines qui se transportent dans les forêts de châtaigniers pour en tirer des extraits, qui vont dans le Cantal, dans la Lozère ; lorsqu'elles ont épuisé le stock d'un pays, elles vont dans un autre endroit. Il est bien évident que, pour ces établissements transportables, pour ces industries temporaires, la mise en demeure ne devrait pas exister. Je comprendrais donc très bien que pour les établissements du bâtiment, pour les entreprises temporaires M. Briat dise que la mise en demeure ne devra pas exister.

M. Briat nous a parlé, prenant des exemples très suggestifs, d'ouvriers qui vont curer les fosses d'aisances et qui très souvent tombent victimes de leur travail ; je ferai remarquer à notre Rapporteur que la plupart des personnes qui font ce métier sont au service d'entreprises qui se transportent d'un point à un autre ; par conséquent, ces entreprises rentreraient dans le cadre des entreprises temporaires, dont je vous parlais tout à l'heure, pour lesquelles j'estime qu'il ne devrait pas y avoir de mise en demeure.

M. Briat vous a également parlé des décrets spéciaux, il vous a parlé de celui de la blanchisserie ; je lui concéderai que, pour les décrets spéciaux, la mise en demeure ne doit pas être obligatoirement nécessaire, bien que moralement j'estime qu'elle doit l'être, parce que les modifications, les mesures d'hygiène ayant pour but d'assurer la prévention ne sont pas toujours faciles à réaliser. J'estime donc que, pour les décrets visés au troisième paragraphe de l'article 3 de la loi du 12 juin 1893, vous pourriez supprimer la mise en demeure.

Quant aux établissements fixes, aux établissements où il y a en jeu des questions très délicates de prévention, des mesures d'hygiène quelquefois difficiles à établir, j'estime que l'industriel doit avoir un recours devant le Comité des Arts et Manufactures qui doit examiner ces questions. Vous avez dit qu'il pourrait s'adresser aux tribunaux, vous n'allez cependant pas obliger un juge à connaître toutes les questions d'organisation industrielle, toutes les questions de machines, de transmissions.

Je crois que le principe de la mise en demeure, adopté par la loi de 1893, est un principe excellent et indispensable ; je fais simplement une exception pour les établissements transportables. J'aurai d'ailleurs l'honneur de déposer tout à l'heure une motion dans ce sens. (*Applaudissements.*)

M. Briat. — Je ne voudrais pas répondre tout de suite aux orateurs, mais il y a cependant un point que je ne peux laisser passer. M. Razous croit que j'ai critiqué le corps de l'inspection du travail. C'est une erreur, je n'ai fait que la critique de la mise en demeure. J'ai ajouté que la mise en demeure obligeait l'inspecteur à deux déplacements au minimum, ce qui n'est pas toujours très facile, étant donnée la limite des frais de déplacements.

Je ne critique pas les inspecteurs, je reconnais qu'ils font bien leur travail, je ne suis pas de l'avis de M. Razous qui dit que le corps de l'inspection est devenu moins compétent depuis quelque temps, c'est-à dire depuis l'introduction des ouvriers, je crois au contraire que tous les inspecteurs sont à la hauteur de leur tâche. (*Applaudissements*).

M. Razous. — M. Briat, par sa réponse, m'offre une occasion de parler d'un point que j'avais laissé de côté.

La statistique disait qu'il y avait des établissements

où l'inspecteur ne passait que deux fois par an, d'autres qu'il ne visitait même pas chaque année. Mais il faut tenir compte de l'importance de l'établissement en question ; il y a, en effet, des établissements qui auront été suffisamment visités si l'inspecteur y est passé une ou deux fois par an, ou même des petits ateliers, où il n'y a que des ouvriers passagers, pourront n'être visités que tous les deux ou trois ans, alors qu'il ne peut en être de même pour une usine qui compte 500 ouvriers.

Je ne critiquais nullement, tout à l'heure, l'inspection du travail, je voulais simplement attirer votre attention sur l'interprétation qui doit être donnée aux statistiques présentées par M. Briat.

M. le Président. — La parole est à M. Fagnot.

M. Fagnot. — J'aurais préféré qu'un orateur disposé à soutenir, ou à peu près, le texte présenté par notre sympathique Rapporteur voulût bien parler avant moi, car je dois vous dire que je vais présenter des arguments qui diffèrent de ceux que vous venez d'entendre énoncer.

S'il ne fallait considérer que l'émotion produite par les chiffres que nous a cités M. Briat du nombre des victimes, des morts ou blessés permanents que causent chaque année les accidents du travail, je serais certainement très embarrassé pour vous présenter la thèse que je vais soutenir devant vous.

J'estime que, tout en demandant au législateur de faire les efforts les plus persévérants, pour améliorer le sort des travailleurs, notamment en ce qui concerne l'hygiène, le principe de la mise en demeure doit rester dans la loi de 1893 et dans toutes les législations sur la matière.

Il y a, dans le décret de 1894, toute une série d'articles extrêmement importants au point de vue de l'hygiène qui, comme l'indiquait M. Razous, à la simple lecture, vous font apparaître différents problèmes, certaines difficultés techniques, en dehors même des questions d'argent. L'application du décret de 1894 soulève des questions tellement complexes que plusieurs des inspecteurs du travail que je connais, et des plus compétents, reconnaissent que les patrons, dans certains cas, sont dans l'impossibilité de trouver une solution aux problèmes techniques qui se posent devant eux par suite de l'application des mesures préventives prescrites par le décret. Bien souvent, des inspecteurs parfaitement au courant de toute la législation du travail sont impuissants à leur signaler le moyen de solutionner ces difficultés.

Par conséquent, comment pourrions-nous ne pas maintenir la mise en demeure ? Les conclusions que je vais vous présenter donnent, je crois, dans une mesure assez large satisfaction à M. Briat. Mon système est très simple : je maintiens formellement le système de la loi de 1893 ; mais je cherche à améliorer la situation actuelle, à faire faire un pas à la question, en évitant le plus possible les difficultés qui pourraient nous barrer le passage.

Je crois, en effet, que si nous nous présentons devant le législateur en lui demandant la suppression de l'article 6 de la loi de 1893, nous aurons des chances d'échouer ; tandis que si nous rappelons au législateur qu'il y a un article 2 de la loi qui permet à l'inspecteur de dresser procès-verbal sans mise en demeure préalable, lorsqu'il constate certaines infractions déterminées, prévues par ledit article 2, et si nous complétons la liste de ces infractions, nous avons infiniment plus de chances d'être écoutés. Nous expliquerons au législateur que, dans certains cas, tels que pour les échafaudages, le nettoyage des fosses d'aisances, il est impossible d'avoir une mise en demeure, car s'il y en avait une, par exemple, pour un échafaudage mal suspendu, elle serait complètement inutile puisque la plupart du temps, au bout de trois semaines, l'échafaudage a disparu ; le législateur ne pourrait pas nous refuser de compléter sur ces points l'énumération de l'article 2.

Je demande donc pour tous les cas que je vais vous énumérer que l'on veuille bien, simplement, les énoncer dans l'article 2 de la loi de 1893, et ainsi, nous obtiendrons satisfaction, dans la mesure où cela est possible, et d'une manière très habile, car je crains fort qu'en voulant tout faire du même coup, en suivant la méthode du tout ou rien, nous n'obtenions pas ce que nous demandons, au moins pendant une assez longue période de temps.

En précisant davantage ma pensée, voici les cas qui, selon moi, devraient rentrer dans l'article 2 de la loi de 1893 :

1° La question du balayage. Il est ridicule, en effet, qu'un inspecteur, voyant une usine, un atelier, mal tenu, n'ait pas le droit de faire un procès-verbal.

2° Tous les travaux dans les puits ; il y a également une question urgente, une question immédiate de sécurité. Par conséquent, nous demandons que les travaux dans les puits, conduites de gaz, tuyaux de fumée, fosses d'aisances, ne soient pas assujettis à la mise en demeure.

3° De même nous demanderions que les moteurs, chaudières, machines, ne soient pas accessibles à tous les ouvriers, que l'inspecteur du travail ait le droit de verbaliser lorsque, par exemple, en visitant une usine, il trouverait un ouvrier tisseur dans la salle de chauffe. Dans ces cas-là, il est bien évident qu'il n'y a pas de mise en demeure possible : il se trouve en présence de l'incurie des contremaîtres, qui n'ont pas fait leur devoir, et il doit dresser procès-verbal de suite.

4° Nous pourrions également viser les escaliers, qui devront être pourvus de fortes rampes, les puits, qui devront être munis de solides barrières, les échafaudages qui devront présenter toutes les garanties nécessaires de sécurité.

Je n'ai rien dit de l'article qui vise les incendies, à moins que quelqu'un ne veuille donner des arguments dans ce sens. Selon moi, je crois que nous ne pouvons toucher au principe de la mise en demeure qu'en faisant passer les dispositions relatives aux incendies, du régime de la mise en demeure, dans lequel elles sont actuellement comprises, au régime de l'article 2 de la loi.

J'ajouterai également une phrase au sujet des industries que M. Razous a appelées temporaires, et je les crois ainsi bien qualifiées. Je crois qu'il faudrait introduire une formule dans le genre de celle-ci : « dans les chantiers de terrassement, et en général dans toute industrie où le chantier se déplace sans cesse, les monte-charges, ascenseurs, élévateurs... » et j'insère alors tout l'article 11 du décret actuel. Sur ce point, je suis d'ailleurs prêt à accepter toute modification qui me serait proposée, car je ne pense pas que cet article 11 soit absolument suffisant pour garantir tous les cas de terrassement, etc.

En tout cas, j'estime qu'avant tout, dans les chantiers qui se déplacent, les inspecteurs du travail doivent avoir le droit de verbaliser immédiatement.

Il me semble, Messieurs, que si nous nous en tenons à cette réforme moyenne du système actuel, nous obtiendrons beaucoup plus qu'en voulant tout modifier d'un coup.

M. Moncolin (secrétaire-adjoint de la Chambre syndicale des ouvriers terrassiers). — En commençant, j'adresserai une critique aux inspecteurs du travail. Journellement, lorsque nous passons sur les chantiers de terrassiers et de puisatiers, nous signalons aux inspecteurs les chantiers où l'installation est défectueuse. Il y a huit jours, il y avait des puits à quatorze mètres de profondeur, avenue Victor-Hugo, sans aucun blindage ; il n'est pas admissible qu'à quatorze mètres de profondeur on creuse des puits sans aucun blindage. Si vous admettez qu'il doive y avoir une mise en demeure, ce sera dans un mois que l'on prendra les mesures nécessaires, alors que d'ici là il peut très bien se produire des accidents.

La corporation des terrassiers a beaucoup souffert dans ses membres depuis surtout les travaux du métropolitain ; nous pouvons voir, d'après les statistiques, que 5,000 camarades ont été blessés, dont 500 atteints d'incapacité permanente, et 70 sont morts.

Je dis donc que la mise en demeure ne peut pas être applicable sur nos chantiers. A quoi cela sert-il de faire intervenir un inspecteur du travail ? Lorsqu'il passe sur un chantier et qu'il signale un échafaudage ou un puits qui ont besoin de réparation, on ne les fera que dans un mois... Dernièrement, un accident est arrivé au tube Berlier où cinq de nos camarades sont tombés en bas d'un échafaudage. L'un d'eux a été tué. Le chef de chantier avait signalé le danger. Eh bien, si l'inspecteur du travail était passé, comme il aurait fallu un mois pour appliquer ses prescriptions, l'accident se serait produit de même ; je dis donc que la mise en demeure est nuisible. J'estime qu'il est honteux pour la société de voir le nombre d'accidents qui se produisent à cause de l'incurie qui règne dans les chantiers et aussi à cause de la surproduction infligée aux ouvriers.

Notez bien ceci : si, dans le terrassement, les accidents sont si nombreux, c'est tout d'abord parce qu'il y a surproduction de travail. On dit aux ouvriers terrassiers : « il faut que vous fassiez telle et telle quantité de travail » ; et les malheureux ouvriers n'ont pas le temps nécessaire pour consolider leurs échafaudages, par exemple.

Je considère donc que les inspecteurs du travail — peut-être n'est-ce pas de leur faute, peut-être ont-ils trop de travail, — sur les chantiers du métropolitain et sur les chantiers de terrassement, n'ont pas fait tout leur devoir.

En conséquence, je demande la suppression de la mise en demeure pour les chantiers de terrassement.

M. Motteau. — Je demanderais que la mise en demeure subsiste, — elle est indispensable — mais que les inspecteurs aient le droit de fixer eux-mêmes le délai, et si, au bout du délai, la modification n'est pas faite, ils auront alors le droit de faire un procès-verbal.

M. Petit. — Messieurs, je ne vais pas aussi loin que notre honorable rapporteur, M. Briat, et je n'admettrai pas la solution un peu trop radicale qu'il nous propose ; je trouve également que la solution proposée par M. Razous et défendue par notre collègue Fagnot est une solution trop modeste.

Pour m'occuper particulièrement de celle de M. Fagnot, je dois vous dire que j'y trouve un inconvénient. Elle revient à ceci : nous allons énumérer, dans la loi ou dans un décret, un certain nombre de cas définis d'une façon précise pour lesquels nous supprimerons la procédure de la mise en demeure. Je trouve que le système en lui-même est défectueux, car tout cas qui se trouvera en dehors de cette énumération, par cela même, devra donner lieu à une mise en demeure obligatoire.

Je doute fort *a priori*, et je crois même que l'on pourrait se baser pour le soutenir, je doute fort que, même en faisant intervenir les gens les plus compétents dans chaque spécialité, on arrive à faire une énumération telle que tous les cas où vraiment la mise en demeure est inadmissible puissent être inscrits dans l'énumération que propose M. Fagnot.

Je prends un exemple que M. Briat me citait tout à l'heure ; sur les chantiers du métropolitain, un certain nombre d'accidents sont arrivés uniquement parce que dans les monte-charges il n'existait pas ce que l'on appelle un cliquet et que les trois quarts du temps le seau retombe sur la tête de l'ouvrier. J'estime que dans de pareils cas la mise en demeure est inadmissible. Mais des cas de ce genre peuvent se présenter à l'infini et précisément, parce qu'il n'y a aucune définition suffisante, j'estime que l'on doit repousser le système qui nous est proposé par M. Fagnot.

Je proposerai, quant à moi, un système plus large et qui se rapproche dans une certaine mesure de la solution proposée par notre Rapporteur.

J'estime que, dans des cas tels que ceux qui nous préoccupent, on doit laisser à l'inspecteur du travail une certaine latitude, un certain pouvoir d'appréciation, qu'il n'a pas actuellement, puisqu'il est obligé de faire une mise en demeure d'au moins un mois. Quand le cas présentera, suivant l'inspecteur qui est compétent pour juger, quand le cas paraîtra présenter à l'inspecteur une urgence suffisante, l'inspecteur, de sa propre autorité, pourra supprimer la mise en demeure préalable.

Quoi qu'en ait dit tout à l'heure M. Razous, je ne veux pas reprendre la défense de mon rapport d'il y a bien des mois, j'accorde aux inspecteurs une confiance suffisante pour estimer qu'en pareil cas leur jugement a quelque valeur, et je vous proposerai, comme conclusion de mes observations, le texte que voici, qui pourrait s'ajouter à la suite de l'article 6 de la loi de 1893 :

« Lorsque les mesures d'hygiène ou de sécurité à prendre présenteront une urgence particulière » ; si vous voulez encore une formule plus précise, je mettrais : « ne souffrent aucun retard, la mise en demeure préalable pourra être supprimée et l'exécution des mesures ordonnée sans délai par l'inspecteur ».

M. Drancourt. — Il est absolument impossible que, dans une teinturerie où l'on constate la mauvaise évacuation des poussières, des buées, on ne fasse pas de mise en demeure, car les transformations désirables présentent, très souvent, de très grosses difficultés. D'autre part, il est ridicule de donner un délai à un industriel pour procéder au nettoyage de son usine, ou à un entrepreneur pour établir un garde-fou.

Il sera peut-être difficile, d'autre part, de faire adopter la solution de M. Fagnot par le législateur; et puis, c'est une solution bien compliquée; ce n'est pas toujours commode d'introduire dans la loi une longue énumération de prescriptions tendant à assurer la sécurité ou l'hygiène des ouvriers.

Une solution plus simple se présente à mon esprit : il n'y aurait qu'à introduire dans l'article 6 une addition aux termes de laquelle des règlements d'administration publique limiteraient les cas dans lesquels la mise en demeure devra être faite par l'inspecteur.

Ce serait beaucoup plus simple, et il me semble que cette proposition pourrait donner satisfaction à tout le monde.

M. Fauquet. — Je me rattache au système défendu par M. Petit et par M. Drancourt, car je crois que le système défendu par MM. Fagnot et Razous présente de gros inconvénients.

La réglementation de l'hygiène et de la sécurité du travail est extrêmement complexe; c'est avec raison, je crois, que le législateur a réduit au minimum le nombre des prescriptions inscrites à l'article 2 de la loi et qu'il a renvoyé à des règlements d'administration publique la détermination des mesures particulières d'hygiène et de sécurité. Ceci a eu pour avantage de rendre notre législation très souple, de permettre à l'administration et aux corps techniques d'adapter les différentes prescriptions réglementaires aux besoins de la pratique. Il est nécessaire de conserver à notre législation toute sa souplesse et d'accorder, avec les responsabilités qui en découlent, un large pouvoir d'appréciation aux organes chargés de son exécution : d'une part, l'administration qui établit les décrets et qui les modifie au fur et à mesure des besoins, et, d'autre part, l'inspecteur du travail, qui ne doit pas être un agent chargé simplement de constater des faits et de renvoyer les contrevenants devant les tribunaux. L'inspecteur doit avoir à sa disposition d'autres moyens d'action et de pression que la poursuite immédiate dans tous les cas.

On pourrait, je crois, entre le système actuel avec réclamation possible pour les industriels auprès du Comité consultatif des Arts et Manufactures et le système que propose notre Rapporteur, c'est-à-dire la suppression de la mise en demeure, on pourrait, dis-je, trouver une solution moyenne, qui permette à l'inspecteur du travail d'intervenir auprès de l'industriel, sans que celui-ci soit immédiatement poursuivi. Il faudrait qu'un délai ne puisse être accordé que sur la demande de l'industriel, qui montrerait ainsi qu'il a l'intention d'agir. Le chef d'établissement serait ainsi déterminé à abandonner l'attitude d'inertie avec laquelle il accueille trop souvent la mise en demeure de l'inspecteur. En n'accordant de délai que sur la demande de l'industriel, on établirait ainsi pour lui une sorte d'engagement moral à se conformer aux prescriptions réglementaires.

M. Briat. — Je demande tout simplement que les choses se passent en cette matière comme elles se passent au Ministère des Travaux publics, avec des délais variant suivant l'importance des travaux à effectuer.

M. Bourguet. — Voudriez-vous donner lecture de la proposition de M. Razous, qui me paraît très intéressante à discuter ?

M. le Président. — Voici la proposition de M. Razous :

« L'assemblée émet le vœu que l'article 6 de la loi du 12 juin 1893 soit modifié de façon à exclure du bénéfice de la mise en demeure préalable les entreprises temporaires, les chantiers de terrassement, de construction, démolition, déchargement, et en général toutes les industries passagères ; mais que les dispositions actuelles soient maintenues pour toutes les autres industries. »

M. Briat. — Je vous fais remarquer qu'avec ce texte le chauffage des ateliers nécessitera encore la mise en demeure.

M. G. Alfassa. — Nous devons admettre, en principe, que le législateur a eu en vue la prévention plutôt que la répression et que, si l'inspecteur doit jouer auprès de l'industriel un rôle de conseiller plutôt que celui d'officier de police judiciaire, il n'y a pas lieu de lui tracer la manière dont il jouera son rôle. Il est certain qu'il y a souvent intérêt à user de la manière persuasive ; et, dans ces conditions, je crois qu'il conviendrait de laisser plus de liberté aux inspecteurs du travail, de les laisser agir, en ce qui concerne l'hygiène et la sécurité des travailleurs, avec le même discernement qu'ils agissent pour les autres lois qu'ils sont chargés de faire appliquer.

Je suis également d'avis que la mise en demeure doit être rigoureusement réservée aux travaux de gros œuvre. Y aura-t-il lieu, pour le législateur ou pour l'administration, d'apporter une plus grande précision dans les termes, cela me paraît secondaire pourvu que nous soyons d'accord sur le principe.

On nous objecte qu'il y a encore des prescriptions édictées par la loi de 1893 qui rencontrent des impossibilités au point de vue technique. J'estime qu'il y a là une modification à apporter à la loi et de dire, par exemple, qu'il sera fait une mise en demeure avec recours devant le Comité consultatif des Arts et Manufactures ; on pourrait dire que, sur l'avis du Conseil consultatif, l'administration décide de rendre la loi de 1893 applicable à telle ou telle industrie, etc. Evidemment, comme dans bien des choses, il ne peut pas être question d'appliquer rigoureusement les mêmes prescriptions à toutes les industries, car il y a encore certains problèmes techniques qui ne sont pas complètement solutionnés.

Il y a une autre question très importante également, c'est celle des bâtiments neufs. Nous étions d'accord tout à l'heure pour reconnaître qu'il y a un certain nombre d'industries pour lesquelles il est quelquefois impossible d'exiger des modifications immédiates, sous peine de voir se fermer un certain nombre d'ateliers ; mais, d'autre part, trouvez-vous admissible, après avoir admis que dans certains cas il est impossible d'exiger telle ou telle modification dans un vieux local, trouvez-vous admissible, dis-je, que dans un local neuf on ne se préoccupe pas d'assurer une bonne ventilation, un système de chauffage parfait ? Ne pensez-vous pas que l'on pourrait inviter les industriels qui construisent des ateliers nouveaux à en soumettre les plans au Comité consultatif, par exemple, ou à une section annexe ? Nous pourrions dire que, si un industriel ne nous soumettait pas les plans, il serait déchu de la mise en demeure, si, après une visite de l'inspecteur, les locaux n'avaient pas été jugés dans un état satisfaisant.

M. Fagnot. — Je n'insiste pas sur ma formule, car je reconnais qu'elle a le tort d'être limitative.

M. Campredon. — Je désirerais prendre la parole pour appuyer la motion de M. Petit et je proposerai une motion dans ce genre : maintien de la mise en demeure accordée par la loi actuelle, mais avec le droit pour l'inspecteur de supprimer cette mesure toutes les fois qu'il le jugera convenable. Il se trouve, en effet, des cas pour lesquels il faut une solution immédiate ; par conséquent, j'estime que c'est à l'inspecteur qu'il appartient de prendre une décision.

Si l'inspecteur voit un atelier dans de mauvaises conditions, il est obligé d'en référer à son inspecteur divisionnaire, qui, lui-même, en réfère à l'administration ; tout cela constitue des lenteurs quelquefois très regrettables, et c'est pourquoi je serai toujours partisan de tout ce que l'on fera pour l'extension de l'initiative des inspecteurs.

M. Arquembourg. — Je voudrais préciser un point un peu obscur et poser une question à M. Briat.

M. Briat nous a dit qu'en matière de règlement de travaux publics, il n'y avait pas de mise en demeure ; qu'il y avait une contravention, que l'on mettait l'intéressé en demeure de faire disparaître l'objet de la contravention dans un délai-bien. Or, si je ne me trompe, ceci constitue bien une mise en demeure ; il n'y a pas de contravention relevée immédiatement. Je prends un exemple : on déplace un pavé dans une rue sans en avoir le droit et on laisse le trou béant sans l'éclairer. Il passe un conducteur des ponts et chaussées ; il constate que le pavé est enlevé : dresse-t-il immédiatement une contravention ?

M. BIJAT. — Il fait remettre le pavé en place, ou il dresse un procès-verbal si l'on refuse d'obéir.

M. ARQUEMBOURG. — Il ne fait pas le procès-verbal immédiatement ; il y a donc une mise en demeure qui a une durée plus ou moins longue, suivant que l'inconvénient est plus ou moins grave ; cette mise en demeure peut être réduite à quelques instants dans le cas que vous citez.

Je ne voudrais pas laisser l'assemblée sous l'impression défavorable des statistiques que vous nous avez citées. Elles sont empruntées au Ministère du Travail, mais l'interprétation que vous leur avez donnée diffère de celle donnée par le Ministère.

Vous relevez un accroissement très considérable du nombre des accidents ; cet accroissement a été relevé dans bien d'autres réunions que celle-ci, il a été discuté bien des fois, on en a donné bien des causes ; vous en trouvez une nouvelle : ce serait la mise en demeure qui serait coupable.

Je crois que, si nous voulions examiner si la cause de l'accroissement des accidents est bien réellement la mise en demeure ou les différentes causes mises en avant, nous ne nous entendrions pas et nous risquerions de prolonger très longtemps cette réunion.

Il faut également faire bien attention, dans l'examen des statistiques, au fait qu'il y a deux catégories d'accidents : les accidents dus à un matériel défectueux ou à des installations défectueuses, et les accidents dus à des imprudences, à l'accoutumance du danger, à la fatalité, Il y a une série d'accidents contre lesquels nous ne pouvons rien faire : nous n'empêcherons jamais, par exemple, une personne de tomber en descendant un escalier.

Vous avez un peu forcé la note dans votre rapport...

M. BRIAT. — C'est le rôle d'un rapporteur.

M. ARQUEMBOURG. — ... mais vous avez une trop bonne idée des inspecteurs du travail pour dire que leur action a été nulle, et c'est pourquoi je tenais à remettre les choses au point.

Il faut donc tenir compte des accidents contre lesquels la loi ne peut rien ; il faudrait, pour raisonner sûrement, faire une statistique indiquant la cause des accidents ; il n'y aurait plus alors qu'à étudier ces causes et voir quelles mesures de protection on pourrait apporter.

J'ai essayé moi-même de faire une statistique de ce genre ; je l'ai faite sur un petit nombre d'établissements et j'ai pu me rendre compte qu'il y avait une diminution très sérieuse dans la catégorie des accidents évitables. Les inspecteurs du travail qui, par leurs fonctions mêmes, sont au courant des causes des accidents, sont unanimes à dire que les accidents ont tendance à diminuer, j'entends les accidents évitables...

Vous nous avez parlé des accidents de chaudières à vapeur, vous avez dit qu'ils n'augmentaient pas ; comme il n'y a pas de mise en demeure, la conclusion semblait évidente ; mais ce n'est pas une preuve. Pour les accidents de chaudières à vapeur, il y a une série de prescriptions très simples qui s'appliquent à des organes peu nombreux et il est, par conséquent, très facile d'éviter ces sortes d'accidents. Je dis donc que votre exemple n'est pas une preuve...

M. BRIAT. — Je sais fort bien que l'on s'est beaucoup occupé d'améliorer les conditions de travail dans les filatures, par exemple, mais il n'en est pas moins vrai qu'il y a certaines industries et, en particulier, le métropolitain, pour lesquelles il faut d'urgence prendre des mesures.

M. Arquembourg. — Je ne voudrais pas que les méfaits du métropolitain — si méfaits il y a — rejaillissent sur toute l'industrie.

Quant à la proposition de M. Fagnot, je voudrais en dire quelques mots : je crois qu'il serait dangereux d'inscrire une semblable mesure dans la loi. C'est un parlementaire lui-même qui le disait : vous venez de présenter un article 2 dans lequel vous faites quelques restrictions parce que vous voulez avoir l'air de faire quelque chose, parce que vous ne voulez pas avoir l'air de renvoyer le travail à d'autres ; mais votre loi ne sera applicable que par des règlements d'administration publique qui feront de la prévention au point de vue de l'hygiène et de la sécurité. Il serait beaucoup plus simple de laisser à des règlements d'administration le soin de fixer le délai de la mise en demeure. Il est ridicule, en effet, de voir qu'il faut attendre un mois pour mettre un garde-corps à un échafaudage.

Je crois que l'on ferait une excellente chose en supprimant le délai qui est dans la loi et en chargeant des règlements d'administration publique de fixer pour chaque catégorie le délai qu'il conviendra d'accorder.

M. Barrault. — Au cas où M. Fagnot ne reprendrait pas sa proposition, je la reprendrais, car j'ai l'impression qu'elle peut être efficace. Quant à la formule qui consisterait à laisser entre les mains de l'inspecteur le soin de déterminer la durée du délai, elle me paraît à portée plus lointaine et, en tout cas, moins efficace que si l'on se trouve en présence d'un texte précis.

M. Briat. — Mais lorsqu'on aura de nouveaux cas à ajouter, on se trouvera en présence d'une grande difficulté, car vous n'ignorez pas combien il est difficile de remettre une loi aussi importante sur le chantier.

M. Brice. — On pourrait diviser la question de la façon suivante :

Premier cas. — Celui où les transformations nécessiteraient une transformation sur le gros œuvre de l'usine ;

Deuxième cas. — Celui où les améliorations réclamées, sans pouvoir être réalisées immédiatement, ne nécessiteraient pas une transformation importante ;

Troisième cas. — Celui où les mesures réclamées pourraient être réalisées immédiatement.

J'estime qu'à ces trois sortes de cas pourraient correspondre trois modes de procéder différents.

Pour les transformations portant sur le gros œuvre, nous pourrions conserver le régime actuel.

Pour la deuxième catégorie, la mise en demeure pourrait être remplacée par un avertissement écrit.

Dans le troisième cas, il n'y aurait aucune formalité.

M. Petit. — Au moment où M. Brice a pris la parole, j'ai reconnu que ma proposition devait être modifiée et qu'il est nécessaire de faire une différence pour les cas qui nécessitent un délai et ceux où l'application de la loi peut être immédiate.

M. le Président. — Je crois que la discussion ne pourra se terminer aujourd'hui ; je demanderai aux auteurs des propositions de bien vouloir rédiger un texte qu'ils enverront au bureau et sur lequel on pourra discuter à la prochaine réunion.

Adopté.

Que ceux qui ont des propositions nouvelles à formuler veuillent bien les faire parvenir à M. de Seilhac, au Musée Social.

La prochaine séance aura lieu le 25 janvier.

Messieurs, la séance est terminée.

PROPOSITIONS PRÉSENTÉES
à la suite de la discussion du 14 décembre 1909

Modifications à la loi du 12 juin 1893-11 juillet 1903 (1)

Proposition présentée par M. A. DRANCOURT.

ART. 6, § 1er. — Toutefois, en ce qui concerne l'application des règlements d'administration publique prévus par l'article 3 ci-dessus, *et dans les cas limitativement déterminés par ces règlements*, les inspecteurs, avant de dresser procès-verbal, mettront les chefs d'industrie en demeure de se conformer aux prescriptions dudit règlement.

Proposition présentée par M. FAUQUET.

ART. 6. — Toutefois, *lorsque l'exécution des prescriptions des règlements d'administration publique prévus à l'article 3 ci-dessus nécessite des transformations importantes portant sur le gros œuvre de l'établissement*, les inspecteurs, etc.

§ 2. — (Sans changement.)

§ 3. — Dans les 15 jours, etc. — *Ce dernier peut, après avis conforme du Comité des Arts et Manufactures, accorder au chef d'établissement un délai dont la durée, dans tous les cas, ne dépassera jamais cinq années.*

§ 4. — (Sans changement.)

§ 5 add. — *A l'exception des cas prévus au § 1er du présent article, les contraventions pourront être relevées et procès-verbal dressé sans mise en demeure préalable.*

---

(1) Les parties en italique modifient les textes actuellement en vigueur. Les autres sont la reproduction de l'article 6, de la loi de 1893.

Toutefois, l'inspecteur pourra toujours accorder au chef d'établissement un délai à l'expiration duquel les travaux de salubrité ou de sécurité prescrits par la loi ou les règlements devront être exécutés. Ce délai, qui ne sera jamais supérieur à six mois, ne pourra dépasser un mois que sur la demande écrite du chef de l'établissement.

Proposition de M. H. Brice.

Art. 6. — Toutefois, en ce qui concerne les règlements d'administration publique prévus à l'article 3 ci-dessus, *il sera procédé comme il est indiqué ci-après :*

Si l'exécution des prescriptions nécessite des transformations importantes portant sur le gros œuvre de l'établissement, les inspecteurs, avant de dresser procès-verbal, mettront les chefs d'industrie en demeure de se conformer aux prescriptions desdits règlements. Cette mise en demeure sera faite par écrit sur un registre *spécial dont chaque établissement devra être muni et qui sera constamment tenu à la disposition de l'inspecteur.* Elle sera datée et signée, indiquera les contraventions relevées et fixera un délai à l'expiration duquel ces contraventions devront avoir disparu. Ce délai ne sera jamais inférieur à un mois.

Dans les quinze jours qui suivront cette mise en demeure, le chef de l'*établissement* adresse, s'il le juge convenable, une réclamation au Ministre du *Travail et de la Prévoyance sociale.* Ce dernier peut, après avis conforme du Comité consultatif des Arts et Manufactures, accorder au chef de *l'établissement* un délai dont la durée dans tous les cas n'excédera pas *trois ans.*

Si l'exécution des prescriptions des règlements prévus à l'article 3 ne nécessite point des transformations importantes portant sur le gros œuvre de l'établissement, les inspecteurs, avant de dresser procès-verbal, inscriront sur le registre spécial prescrit ci-dessus, un avertissement d'avoir à faire disparaître les contraventions relevées, dans un délai qui ne pourra être supérieur à un mois. Ce délai pourra être porté à six mois par le Mi-

nistre du Travail et de la Prévoyance sociale sur la réclamation du chef d'établissement qui devra intervenir dans les quinze jours qui suivent l'avertissement. Il ne pourra être relevé de contraventions avant l'expiration des délais accordés.

Il pourra être dressé procès-verbal sans nouvel avertissement préalable lorsque des contraventions identiques à celles qui ont fait l'objet d'un précédent avertissement seront relevées à nouveau dans le même établissement ou dans la même entreprise.

Les règlements d'administration publique prévus à l'article 3 ci-dessus énumèreront celles de leurs prescriptions pour lesquelles il n'y aura lieu à aucune formalité préalable à la constatation et à la poursuite des contraventions par procès-verbal.

Proposition présentée par M. E. Petit.

Art. 6. — *Toutefois, dans l'application de la présente loi et des règlements d'administration publique prévus par l'article 3 ci-dessus, les inspecteurs se conformeront aux règles suivantes :*

1°. — *Si les travaux jugés nécessaires par l'inspecteur exigent des transformations importantes intéressant le gros œuvre de l'usine ou la recherche et la construction d'appareils compliqués et coûteux, l'inspecteur mettra le chef d'industrie en demeure d'exécuter ces travaux.*

Cette mise en demeure sera faite par écrit sur le registre de l'usine ; elle sera datée et signée, indiquera les contraventions relevées et fixera un délai à l'expiration duquel ces contraventions devront avoir disparu. Ce délai ne sera pas inférieur *à quinze jours.*

Avant l'expiration de ce délai, le chef d'industrie adresse, s'il le juge convenable, une réclamation au Ministre du Travail. Ce dernier peut, après avis conforme du Comité des arts et manufactures, accorder à l'industriel un délai dont la durée ne dépassera pas dix-huit mois.

Notification de la décision est faite à l'industriel dans

la forme administrative; avis en est donné à l'inspecteur.

2°. — *Si les travaux jugés nécessaires par l'inspecteur ne souffrent aucun retard, à raison du péril manifeste auquel il voit les ouvriers exposés, — et s'il n'y a pas impossibilité matérielle absolue s'opposant à leur exécution immédiate, — l'inspecteur dresse aussitôt procès-verbal des contraventions constatées et inscrit sur le registre l'ordre daté et signé d'exécution immédiate desdits travaux, avec l'indication du délai strictement nécessaire à cette exécution.*

Au cas où, à l'expiration de ce délai, les travaux ainsi prescrits ne seraient pas achevés, le contrevenant serait, pour ce seul fait, cité devant le tribunal correctionnel, — comme il est dit à l'article 8 ci-après.

3°. — *Dans tous les cas autres que ceux visés sous les numéros 1° et 2° du présent article, l'inspecteur mettra le chef d'industrie en demeure d'exécuter les travaux qu'il jugera nécessaires.*

Cette mise en demeure, faite par écrit sur le registre de l'usine, sera datée, signée, indiquera les contraventions relevées et le délai à l'expiration duquel elles devront avoir disparu. Ce délai ne sera pas inférieur à 48 heures.

Dans ces quarante-huit heures, l'intéressé aura la faculté d'adresser une réclamation à l'inspecteur divisionnaire, qui pourra, s'il le juge indispensable, prolonger le délai jusqu'au maximum de trois mois.

Notification de cette décision sera faite à l'industriel dans la forme administrative; avis en sera donné à l'inspecteur départemental.

Dans tous les cas visés au présent article, le chef d'industrie devra, à l'expiration du délai qui lui aura été imparti, aviser par lettre recommandée l'inspecteur départemental, qu'il s'est conformé à ses prescriptions; faute de quoi, les contraventions relevées seront, de plein droit, considérées comme subsistantes.

Art. 12, § 1er. — « Seront punis d'une amende de 100 à 500 francs, et en cas de récidive, de 500 à 1,000 francs — tous ceux qui auront mis obstacle à l'accomplissement des devoirs d'un inspecteur, — *notamment le chef d'industrie, directeur, gérant ou préposé qui ne lui aura pas représenté, à la première réquisition, le registre dont la tenue est prévue par la présente loi* ».

Proposition de M. Motteau.

La mise en demeure restera obligatoire, mais elle sera réglementée dans son application :

1°. — *Lorsqu'il y aura péril ou danger imminent, l'inspecteur aura le droit de fixer lui-même le délai d'exécution des mesures ordonnées. Il signifiera en même temps au chef de l'établissement que, si les prescriptions ne sont pas effectuées pendant le délai, il y aura par ce fait contravention immédiate. Un jugement avec ordonnance sera obtenu d'urgence, par référé au président du tribunal civil.*

2°. — *Lorsqu'il n'y aura pas urgence, l'inspecteur inscrira sur le registre spécial de l'usine ou de l'établissement une mise en demeure, dont le délai ne sera jamais inférieur à un mois.*

Dans les quinze jours qui suivront cette mise en demeure, *le chef de l'établissement, s'il le juge convenable, pourra interjeter appel au Ministre du Commerce et de l'Industrie et au préfet du département, qui lui donneront avis si sa requête est prise en considération.*

Il y aura assez d'inspecteurs et de sous-inspecteurs pour que toutes les mises en demeure obtiennent une solution.

3°. — *Lorsqu'il s'agit de transformations importantes, pour le gros œuvre de l'usine ou pour changement de matériel, le délai de mise en demeure par l'inspecteur ne sera jamais inférieur à six mois.*

Dans les trente jours qui suivront cette mise en demeure, le chef d'industrie adresse, s'il le juge convenable, une réclamation au Ministre du Commerce et de l'Industrie, qui prendra l'avis conforme du Comité des Arts et Manufactures.

Notification de la décision en sera faite à l'industriel

dans la forme administrative ; avis en sera donné à l'inspecteur.

4°. — *Toute mise en demeure et signification seront inscrites sur le livre spécial que chaque chef d'établissement est obligé de posséder, relativement à l'application des lois sur le travail, et de tenir à la disposition de l'inspecteur.*

L'inspecteur en prendra le double sur un registre spécial lui appartenant, pour servir de preuve et de constat.

Séance du 25 janvier 1910

PRÉSIDENCE DE M. HENRI LORIN

M. LE PRÉSIDENT. — Messieurs, la séance est ouverte. Nous avons à continuer la discussion à laquelle a donné lieu le rapport de M. Briat. Depuis la dernière séance, plusieurs propositions ont été rédigées ; il y en a trois, notamment, qui sont très étendues : l'amendement de M. Petit, l'amendement de M. Brice et un de M. Motteau. Nous avons, en outre, un amendement de M. Fauquet et un autre de M. Drancourt.

Je demande à l'assemblée si elle n'est pas d'avis de prendre une de ces propositions comme base, de la discuter en y apportant comme amendements les différentes propositions qu'il lui paraîtrait bon de retenir. Je vous propose cette méthode comme ordre de travail, est-ce que tout le monde est d'accord ?

Monsieur Petit, croyez-vous que l'on pourrait prendre comme base de la discussion la proposition de M. Brice, à laquelle on ajouterait votre amendement ?

M. PETIT. — Je crois que ma proposition est la plus détaillée ; par conséquent, on pourrait peut-être la prendre comme base de la discussion.

M. LE PRÉSIDENT. — Voulez-vous que nous commencions par une discussion générale, dans laquelle chacun des auteurs défendra sa proposition ? Je crois, d'ailleurs, que M. Motteau serait prêt à se rallier à l'amendement de M. Brice.

Quel est celui de ces Messieurs qui désire prendre la parole ? Monsieur Petit, voulez-vous commencer ?

La parole est à M. Petit.

M. Petit. — Messieurs, je voudrais d'abord signaler à notre réunion une idée qui, me semble-t-il, n'a pas été suffisamment mise en relief à notre dernière assemblée ; cette idée est la suivante :

Le régime de la mise en demeure est un régime de faveur, un régime d'exception. En effet, en matière de contravention, voici le droit commun : Aussitôt que la contravention est constatée par un agent compétent pour le faire, celui-ci en dresse procès-verbal et, immédiatement, cette contravention donne lieu à une poursuite. On n'accorde à l'auteur de cette contravention aucun délai de grâce, aucun sursis, pour lui permettre de faire disparaître la contravention constatée. En notre matière, la mise en demeure se réduit à un avertissement adressé au chef d'industrie avec l'indication d'un délai qu'on lui octroie pour se mettre en règle — délai que, par tous les moyens de recours que vous connaissez, il parvient à prolonger souvent au delà de toute mesure raisonnable.

Ce régime peut se justifier jusqu'à un certain point ; on l'a motivé par plusieurs raisons, dont la première était que, en 1893 et en 1894, on imposait pour la première fois — ou presque — aux industriels un certain nombre de mesures de sécurité ou d'hygiène avec lesquelles ils n'étaient nullement familiarisés. En leur accordant le régime de la mise en demeure, on a voulu leur laisser le temps de mieux connaître cette réglementation nouvelle.

La seconde raison que l'on a donnée — et celle-ci

avait une valeur plus durable qui doit être, aujourd'hui encore, prise en considération — c'est qu'un certain nombre des prescriptions relatives à l'hygiène ou à la sécurité que l'on trouve dans le décret sont tellement vagues, tellement imprécises que le chef d'industrie, de la meilleure foi du monde, peut se croire en règle avec la loi et le décret alors qu'il ne l'est pas. Cette seconde raison, dis-je, est encore valable ; néanmoins, il faut voir les choses de plus près et examiner si, parmi les cas où actuellement la mise en demeure est applicable, il ne s'en présente pas souvent où la contravention est évidente pour tout le monde, dans lesquels le patron, à n'en pouvoir douter, était au courant des prescriptions à observer, savait qu'il était en contravention, cas dans lesquels, par conséquent, il n'y a plus aucune raison de lui accorder le délai de grâce que comporte la mise en demeure.

Vous savez déjà, par les exemples concrets qui vous ont été cités à votre dernière réunion, qu'il existe un grand nombre de circonstances dans lesquelles il est absolument certain que la mise en demeure n'a aucune raison d'être et présente, au contraire, de graves inconvénients. D'ailleurs, il vous suffira de vous reporter au texte du décret pour constater que, si certaines dispositions sont assez vagues et assez générales pour justifier encore la mise en demeure, d'autres, au contraire, sont d'une précision qui ne laisse place à aucun doute excusable. Je lis, par exemple, article 10 du décret : « Les échafaudages seront munis sur toutes leurs faces de garde-corps rigides de 90 centimètres de hauteur. » Peut-on concevoir une disposition impérative plus nette et plus précise que celle-là ? Le patron dont l'échafaudage n'est pas muni de garde-corps rigides de 90 centimètres de haut peut-il douter qu'il ne soit en contravention avec la disposition du décret que je viens de rappeler et qu'il doit connaître ?

Néanmoins, dans ce cas, et dans beaucoup d'autres que l'on pourrait rapporter, le patron a droit à la faveur d'une mise en demeure, c'est-à-dire à un délai d'au moins un mois.

Il m'apparaît nettement qu'actuellement le régime de la mise en demeure n'est plus d'accord avec les exigences de la pratique ni de l'équité et qu'il faut sinon le supprimer, — ce qui serait aller trop loin — du moins le réformer de telle manière qu'il tienne le plus grand compte possible de ces exigences.

La grosse difficulté, évidemment, sera de préciser la réglementation nouvelle de telle sorte que nous définissions et distinguions de la façon la plus nette les cas où il y aura lieu et ceux où il n'y aura pas lieu à mise en demeure.

Je l'ai tenté pour ma part ; et c'est en m'inspirant des idées que je viens de résumer que je vous propose un texte assez long, par la force même des choses, mais qui — vous le verrez quand nous entrerons tout à l'heure dans la discussion de détail — pourrait difficilement être plus court. Ce texte se présente comme une modification de celui actuellement en vigueur, c'est-à-dire de l'article 6 de la loi de 1893. Je me suis efforcé de me tenir le plus près possible du texte actuel, ne le modifiant que dans les passages où cela était absolument nécessaire ; et voici le système auquel j'ai abouti :

Je distingue trois cas : deux cas extrêmes et un cas intermédiaire.

Le premier cas extrême est celui où les travaux

que l'inspecteur du travail juge indispensables intéressent le gros œuvre de l'établissement industriel.

De ce cas j'en ai rapproché un autre : celui dans lequel, pour remédier à l'état de choses jugé défectueux, il est nécessaire de faire des recherches techniques, d'imaginer des dispositifs nouveaux difficiles à concevoir et à réaliser. Dans ces deux cas, j'estime qu'il y a lieu de maintenir un régime qui, à très peu de choses près, est le régime actuel.

Voici comment j'ai rédigé la partie de ma proposition relative à ce cas, c'est-à-dire le début de l'article 6 nouveau :

Toutefois, dans l'application de la présente loi et des règlements d'administration publique prévus par l'article 3 ci-dessus, les inspecteurs se conformeront aux règles suivantes (et voici mon premier cas) :

1° *Si les travaux jugés nécessaires par l'inspecteur exigent des transformations importantes intéressant le gros œuvre de l'usine ou la recherche et la construction d'appareils compliqués et coûteux, l'inspecteur mettra le chef d'industrie en demeure d'exécuter ces travaux.*

Ici, je reprends le texte actuel de la loi :

« Cette mise en demeure sera faite par écrit sur le registre de l'usine ; elle sera datée et signée, indiquera les contraventions relevées et fixera un délai à l'expiration duquel ces contraventions devront avoir disparu. Ce délai ne sera pas inférieur *à quinze jours.* »

La loi porte que cette mise en demeure ne sera pas inférieure à un mois ; je vais justifier la modification que je propose sur ce point en vous donnant immédiatement lecture du paragraphe :

Avant l'expiration de ce délai, le chef d'industrie adresse, s'il le juge convenable, une réclamation au ministre du Travail. Ce dernier peut, après avis conforme du Comité des Arts et Manufactures, accorder à l'industriel un délai dont la durée ne dépassera pas dix-huit mois.

La loi disait : *dans les quinze jours* qui suivent cette mise en demeure, etc., l'industriel pourra se pourvoir auprès des autorités supérieures contre la décision de l'inspecteur du travail.

Puisqu'on a estimé, en 1893, que quinze jours suffisaient comme délai de recours, il me semble que ces mêmes quinze jours doivent suffire aussi comme délai minimum d'exécution des travaux ordonnés dans un grand nombre de cas, étant bien entendu que ce laps de temps n'est qu'un minimum, c'est-à-dire que l'inspecteur ou les supérieurs de l'inspecteur pourront l'augmenter dans une très large mesure. La loi actuelle indiquait 18 mois. J'ai maintenu ce délai de 18 mois comme maximum. Je crois que certaines des propositions qui vont vous être soumises le prolongeraient, le porteraient jusqu'à trois ans. Un de nos collègues, M. Fagnot, que je regrette de ne pas voir ici, est même d'avis que l'on ne devrait pas établir de limite maxima, attendu que, dans des cas tels que ceux qui sont visés au paragraphe premier de ma proposition, il peut être d'un très grand intérêt, pour obtenir le résultat cherché, de laisser à l'industriel tout le temps nécessaire.

Je crois, en effet, avoir entendu dire que, du fait même que la loi fixe un maximum de 18 mois, l'industriel se trouve parfois dans l'impossibilité financière d'effectuer les améliorations que l'on exige de lui, si bien qu'en définitive, pour ne le pas ruiner, on ne fait pas ce qui devrait être fait, ce que l'on pourrait faire si le délai était prolongé et, par suite, la dépense répartie sur une période plus étendue.

Quant à moi, me déclarant insuffisamment éclairé sur ce point et prêt à accepter les modifications que pourraient présenter des praticiens, je me borne à maintenir provisoirement le délai fixé par la loi actuelle.

Mon texte continue ainsi, ou plutôt je reprends le texte de la loi de 1893, qui n'a pas été modifié dans ce paragraphe :

« Notification de la décision est faite à l'industriel dans la forme administrative ; avis en est donné à l'inspecteur. »

Nous arrivons maintenant au deuxième cas, à l'extrême opposé.

Rappelez-vous que, dans le premier paragraphe, nous venons d'envisager le cas où un délai était nécessaire, avec toutes les voies de recours que vous connaissez ; nous allons maintenant envisager le cas inverse, où il est au contraire indispensable d'exécuter immédiatement les travaux dont l'inspecteur reconnaît l'urgence.

Voici de quelle façon je vous propose de rédiger les dispositions qui visent ce cas :

Si les travaux jugés nécessaires par l'inspecteur ne souffrent aucun retard...

Je suppose que nous sommes dans un cas semblable à celui que je vous exposais tout à l'heure, dans lequel l'inspecteur constate *de visu* que des ouvriers se trouvent en danger, qu'ils sont exposés à un péril imminent. En cette occurrence, il faut de toute nécessité opter sans délai entre l'intérêt du patron et celui des ouvriers. L'intérêt du patron serait, peut-être, que dans ce cas, comme dans celui dont nous venons de nous occuper à l'instant, on lui accordât un répit et même des voies de recours ; l'intérêt de l'ouvrier, au contraire, c'est qu'immédiatement on fasse le travail qui s'impose. J'estime qu'en de semblables circonstances nous ne pouvons pas hésiter. Pour ma part, mon choix est tout de suite fait et sacrifiant de propos délibéré l'intérêt du patron, je lui préfère l'intérêt des ouvriers. J'estime, en effet, que, quelles que puissent être les raisons invoquées par le patron, il n'y en a pas une qui entre en balance avec cette considération qu'un ouvrier peut, d'un moment à l'autre, être tué ou blessé. Vous vous rappelez certainement l'exemple que nous donnait M. Briat, vous montrant que, parce qu'un cliquet manque à un treuil, sur un chantier du Métropolitain, la charge que remonte ce treuil peut, à tout instant, tomber sur la tête du ou des ouvriers qui se trouvent au-dessous ; je vous rappellerai également l'exemple que nous citait M. Maucolin, secrétaire du Syndicat des terrassiers, qui nous disait qu'actuellement, dans un chantier du Métropolitain ou du Nord-Sud, se trouve un puits de 14 mètres de profondeur, dont on a négligé de consolider les parois comme elles devraient l'être pour que les ouvriers qui travaillent au fond ne soient pas à tout moment exposés à être ensevelis vivants.

Encore une fois, j'estime qu'en pareil cas, il n'y a pas à hésiter ; d'autant que le plus souvent le patron n'est pas très intéressant. Il doit, en effet, être le premier à se rendre compte du danger que courent ses ouvriers ; par conséquent, s'il ne prend pas les mesures nécessaires, c'est négligence ou mauvaise volonté sans excuse.

Voici donc mon texte :

2° Si les travaux jugés nécessaires par l'inspecteur ne souffrent aucun retard, à raison du péril manifeste auquel il voit les ouvriers exposés, et s'il n'y a pas impossibilité matérielle absolue s'opposant à leur exécution immédiate, l'inspecteur dresse aussitôt procès-verbal des contraventions constatées et inscrit sur le registre l'ordre daté et signé d'exécution immédiate desdits travaux avec l'indication du délai strictement nécessaire à cette exécution.

Au cas où, à l'expiration de ce délai, les travaux ainsi prescrits ne seraient pas achevés, le contrevenant serait, pour ce seul fait, cité devant le tribunal correctionnel, comme il est dit à l'article 8 ci-après.

Je rappelle la disposition de cet article 8 de la loi de 1893 :

« Si, après une condamnation prononcée en vertu de l'article précédent, les mesures de sécurité ou de salubrité imposées par la récente loi ou par les règlements d'administration publique n'ont pas été exécutées dans le délai fixé par le jugement qui a prononcé la condamnation, l'affaire est, sur un nouveau procès-verbal, portée devant le tribunal correctionnel qui peut, après une nouvelle mise en demeure restée sans résultat, ordonner la fermeture de l'établissement. »

Il y a, avec le cas qui nous occupe, cette différence, que l'on suppose, dans l'article 8 actuel, qu'une première condamnation est intervenue, tandis que, dans notre cas, je suppose qu'il est simplement intervenu une sommation d'exécution immédiate des travaux adressée par l'inspecteur au chef d'industrie.

J'estime qu'étant données la fréquence et la gravité

du cas que nous visons sous le numéro 2°, il n'y a aucune rigueur exagérée dans les prescriptions que je vous propose d'adopter ; qu'il n'est pas trop dur de citer le patron devant le tribunal correctionnel ; je crains, en effet, que si nous n'insérons pas dans le texte de la loi une sanction aussi sévère que celle-là, le patron ne préfère subir une condamnation en police et se soustraire ainsi à bon compte à l'exécution des travaux qu'exige l'inspecteur, ou, tout au moins, en retarder l'exécution, ce que nous voulons éviter à tout prix.

Notre collègue Fagnot, avec sa compétence pratique, me signalait un complément à la solution que je vous propose. Il me disait ceci — et son observation a une grande valeur : — « Vous allez imposer au patron l'exécution immédiate d'un dispositif de protection indispensable, selon vous. Mais, pendant qu'on va s'occuper d'exécuter ce dispositif, le travail commencé dans des conditions dangereuses va continuer dans ces mêmes conditions. N'y aurait-il pas lieu, dans certains cas, non seulement d'ordonner au patron de prendre immédiatement les mesures nécessaires, mais encore de lui enjoindre de suspendre immédiatement le travail qui constitue un danger pour ses ouvriers ? Je suppose, par exemple, qu'un inspecteur arrivant sur un chantier y trouve des ouvriers occupés sur un échafaudage non muni du garde-corps que prévoit le décret de 1894 ; il est évident que, si les ouvriers continuent à travailler sur cet échafaudage, il peut, d'un moment à l'autre, se produire un accident. N'y aurait-il pas lieu de donner à l'inspecteur du travail le droit d'interdire tout travail sur cet échafaudage tant qu'il ne sera pas muni de la barre d'appui réglementaire ? »

Certes, la remarque est fort juste. Je n'ai pas été, toutefois, jusqu'à en tenir compte dans l'amendement dont je viens de vous donner lecture, parce que je prévois qu'il pourrait y avoir difficulté à préciser la limite dans laquelle l'inspecteur du travail aura le droit d'ordonner la suspension de travail. Peut-être y a-t-il des cas où cette suspension aurait de graves conséquences. Je ne suis pas très fixé sur ce point ; c'est pourquoi je n'ai pas formulé l'idée ; mais je tenais cependant à vous la suggérer, car elle peut intéresser ceux d'entre vous qui sont plus compétents que moi en la matière et qui sauraient donner de cette idée une formule pratique.

Je passe maintenant à la troisième hypothèse. Jusqu'ici nous avons vu deux cas, que j'appelle extrêmes : d'une part, celui dans lequel on peut accorder au patron tous les délais nécessaires et, d'autre part, celui où, au contraire, il est nécessaire de refuser au patron tout délai. Il reste la catégorie des hypothèses intermédiaires, au sujet desquelles je dis dans mon amendement :

3° *Dans tous les cas autres que ceux visés sous les numéros 1° et 2° du présent article, l'inspecteur mettra le chef d'industrie en demeure d'exécuter les travaux qu'il jugera nécessaires.*

Vous voyez, par ce premier paragraphe, que je maintiens ici la mise en demeure, mais dans des conditions limitatives, que je vais dire:

Cette mise en demeure, faite par écrit sur le registre de l'usine, sera datée, indiquera les contraventions relevées et le délai à l'expiration duquel elles devront avoir disparu. Ce délai ne sera pas inférieur à 48 heures.

Voilà donc une limitation très stricte du délai minimum qui devra être accordé.

Dans ces quarante-huit heures, l'intéressé aura la faculté d'adresser une réclamation à l'inspecteur divisionnaire, qui pourra, s'il le juge indispensable, prolonger le délai jusqu'au maximum de trois mois. Notification de cette décision sera faite à l'industriel dans la forme administrative ; avis en sera donné à l'inspecteur départemental.

J'ai supprimé le recours au ministre ; lorsqu'en effet, on s'adresse au ministre, celui-ci se renseigne auprès de conseils compétents, si bien que, par la force des choses, un temps considérable est perdu.

Dans tous les cas visés au présent article, le chef d'industrie devra, à l'expiration du délai qui lui aura été imparti, aviser par lettre recommandée l'inspecteur départemental qu'il s'est conformé à ses prescriptions ; faute de quoi les contraventions relevées seront, de plein droit, considérées comme subsistantes.

Cette disposition est commune aux trois catégories de cas que j'ai distinguées. Vous vous rendez compte qu'il est très important que l'inspecteur sache si les mesures qu'il a prescrites ont été réellement prises. Or jusqu'ici, pour s'en assurer, il faut qu'il retourne à l'usine qu'il a déjà visitée, et vous savez à quel point les inspecteurs du travail sont surchargés de besogne. Je crains que, dans la plupart des cas, l'inspecteur n'ait pas le temps de faire cette visite de contrôle, cette contre-visite ; c'est pourquoi je voudrais que l'on obligeât le chef d'industrie à notifier spontanément à l'inspecteur du travail, à l'expiration du délai que celui-ci lui aura fixé, qu'il s'est conformé à ses prescriptions. Je sais bien qu'il se pourra que des chefs d'industrie disent qu'ils ont fait le nécessaire alors qu'ils n'auront rien fait ; je sais aussi que les inspecteurs n'iront pas chaque fois vérifier si ce qu'on leur a dit est exact — puisque je voudrais précisément les en dispenser ; — mais je voudrais que, dans le cas où l'inspecteur aura le temps de visiter le chantier et constatera que les modifications qu'il avait ordonnées n'ont pas été exécutées, la situation du chef d'industrie se trouvât aggravée de ce chef : j'espère que beaucoup d'industriels, tentés de ne rien faire, seront arrêtés par le risque qu'ils courraient en n'écrivant pas l'exacte vérité à l'inspecteur.

Enfin, j'ai achevé mon amendement par une disposition qui modifierait l'article 12 de la loi de 1893-1903. L'article 12 est celui qui détermine les pénalités auxquelles seront exposés les patrons qui auraient mis obstacle à l'accomplissement des devoirs de l'inspecteur. Cet article (§ 1er) est ainsi conçu :

Seront punis d'une amende de 100 à 500 francs et, en cas de récidive, de 500 à 1,000 francs, tous ceux qui auront mis obstacle à l'accomplissement des devoirs d'un inspecteur.

Or, je crois me rappeler que, dans notre dernière réunion, certains de nos collègues nous ont fait observer qu'en pratique le registre de l'usine, qui devrait toujours être entre les mains du chef d'industrie ou entre celles de son contremaître ou chef de chantier, ce registre, dis-je, fait parfois défaut. Aussi arrive-t-il que l'inspecteur n'ait pas le moyen de vérifier si déjà, sur ce même registre, des mises en demeure n'ont pas été inscrites ; il se trouve, en outre, dans l'impossibilité d'inscrire, comme la loi lui en fait un devoir, la nouvelle mise en demeure.

Je voudrais, par une addition à l'article 12 de la loi, qu'en pareil cas le chef d'industrie fût considéré comme ayant mis obstacle à l'accomplissement des devoirs de l'inspecteur, — ce qui est la stricte vérité, — et que, par conséquent, il fût puni à ce titre. J'ignore si la jurisprudence a déjà statué dans des cas semblables ; quoi qu'il en soit, pour éviter toute hésitation des tribunaux, il m'a paru préférable de le dire expressément dans le texte de la loi. En conséquence, j'ajoute au texte que je viens de vous lire :

... *notamment, le chef d'industrie, directeur, gérant ou préposé qui ne lui aura pas représenté, à sa première réquisition, le registre dont la tenue est prévue par la présente loi.*

Telles sont, Messieurs, les dispositions que je vous propose d'adopter.

M. Brice. — L'article 6 de la loi du 12 juin 1893 a institué la procédure de la mise en demeure pour toutes les prescriptions des règlements d'administration publique prévus à l'article 3. Or, il n'est pas contestable que certaines prescriptions édictées par ces règlements ont une grande analogie avec les prescriptions de l'article 2, paragraphe 2, de la loi, dont l'exécution peut être poursuivie sans mise en demeure. La proposition que je soumets à l'Association laisse aux règlements d'administration publique le soin de déterminer celles de leurs prescriptions pour lesquelles il n'y aura lieu à aucune formalité préalable à la constatation et à la poursuite des contraventions par procès-verbal. Tel sera le cas, par exemple, de l'obligation de munir les échafaudages du garde-corps, de l'interdiction de manier les courroies à la main, de l'obligation de munir les ponts volants de garde-corps et, en général, de celles des prescriptions des règlements pour lesquelles l'inspecteur est dans l'impossibilité pratique d'exercer une action préventive en temps opportun en saisissant chaque chef d'établissement individuellement, alors que des poursuites, même peu nombreuses, auraient une valeur exemplaire qui assurerait en peu de temps l'application générale des prescriptions réglementaires. Pourraient être également l'objet de poursuites immédiates les contraventions qui constituent une faute lourde, une négligence grave, ou qui sont nettement réprouvées par l'opinion publique, par exemple le couchage de deux ouvriers dans un même lit, le défaut de ceinture de sûreté pour les travaux dans les gaz délétères. Pour les autres prescriptions des règlements, ma proposition maintient le régime de la mise en demeure en y apportant toutefois des modifications suffisantes pour supprimer ou atténuer dans une large mesure les plus importantes des difficultés que l'application des dispositions actuelles a soulevées.

Je pense, en effet, qu'il n'est pas possible de supprimer totalement la procédure de la mise en demeure qui, à tout prendre et avec quelques modifications, peut, dans un grand nombre de cas, être entre les mains du service de l'inspection un moyen de pression plus efficace que l'application des pénalités.

En l'absence d'une disposition légale, l'inspecteur qui accorde un délai suspend en réalité, par une initiative dont il garde toute la responsabilité, l'exécution même de la loi, et cela au moment même où il demande au chef d'établissement de s'y conformer.

N'est-il pas préférable pour l'autorité de la loi que l'octroi des délais et les conditions dans lesquels ils sont fixés soient prévus par la loi elle-même ? Mais si, pour chaque prescription et pour chaque établissement, c'est à l'inspecteur que la loi délègue le soin de déterminer le délai d'exécution, il est indispensable qu'un recours soit ouvert aux intéressés et ce recours ne peut être que l'autorité administrative. Il y a lieu en effet d'observer que, si le chef d'établissement est poursuivi à l'expiration d'un délai trop court, le tribunal, tout en accordant un nouveau délai, ne pourra pas ne pas appliquer de pénalités pour les contraventions constatées dans le procès-verbal.

Pour ces raisons, je crois nécessaire de maintenir, pour les cas que les règlements n'auront pas exceptés, une procédure de mise en demeure ou d'avertissment comportant l'octroi de délais et des recours administratifs.

Je distingue deux catégories de cas suivant que l'exécution des prescriptions réglementaires nécessite ou ne nécessite pas des transformations importantes portant sur le gros œuvre de l'établissement, état de fait facile à reconnaître, qui ressortira de la discussion entre l'inspecteur et le chef d'établissement et pourra, dans tous les cas, être soumis à l'appréciation du ministre, s'il est saisi d'une réclamation régulière. Cette distinction est empruntée d'ailleurs au texte actuel de l'article 6 qui n'a prévu l'avis conforme du Comité des Arts et Manufactures que pour les mises en demeure dont l'exécution nécessite des transformations importantes portant sur le gros œuvre de l'usine.

Pour cette catégorie de cas, ma proposition reproduit le texte actuel sous réserve de deux modifications :

1° Obligation pour le chef d'établissement d'être muni d'un registre et de le tenir à la disposition de l'inspecteur qui, en cas de non représentation, pourra verbaliser sans être obligé de relever le délit d'obstacle.

2° Le délai maximum que pourra accorder le ministre après avis conforme du Comité des Arts et Manufactures est porté à trois ans au lieu de dix-huit mois.

Le délai de dix-huit mois, prévu par le texte actuel, est trop court pour les transformations dont il s'agit et dont l'exécution matérielle doit souvent être précédée d'études assez longues. N'accorder qu'un délai manifestement trop restreint, c'est s'exposer à être obligé de le renouveler ou, qui pis est, de laisser prescrire la possibilité pratique d'une action judiciaire. Mieux vaut accorder un délai plus long, qui soit un délai de rigueur. Il est indispensable que le chef d'établissement ait, dès le début, la conviction que la décision ministérielle a moins pour but de lui accorder la faveur d'un sursis que d'assurer l'exécution de la loi à une date déterminée et certaine. La décision ministérielle n'aura cette autorité que si elle peut accorder un délai qui corresponde aux nécessités reconnues.

Pour les cas dans lesquels l'exécution des prescriptions réglementaires ne nécessite point de transformations importantes portant sur le gros œuvre de l'usine, le texte que je vous propose maintient, sous le nom d'*avertissement*, une procédure plus simple qui diffère de la procédure de mise en demeure sur les points suivants. En premier lieu le délai fixé par l'inspecteur ne pourra être supérieur à un mois. Il pourra être porté à six mois au plus par le ministre. L'avis du Comité consultatif des Arts et Manufactures ne sera pas requis. Le délai pourra donc varier de un jour à six mois, suivant les circonstances de fait appréciées en premier lieu par l'inspecteur, en second lieu par le ministre.

D'autre part, et cela suffit à supprimer l'un des plus sérieux inconvénients du régime actuel, l'avertissement n'aura pas à être renouvelé lorsque l'inspecteur constatera une contravention identique à celle qui a fait l'objet d'un précédent avertissement.

Tout en s'écartant aussi peu que possible du texte actuel de la loi dont elle conserve les distinctions fondamentales, la proposition que je soumets à l'examen de l'Association me paraît répondre au double but qui doit être recherché : 1° assurer, d'une façon efficace, par des moyens adaptés au rôle et aux attributions spéciales du service de l'inspection, l'exécution de la loi ; 2° garantir aux chefs d'établissement une voie de recours administratif pour l'appréciation des difficultés d'ordre matériel ou technique, voie de recours qui puisse les protéger éventuellement contre l'arbitraire toujours possible.

M. le Président. — En somme, Messieurs, chez M. Brice et chez M. Petit, nous rencontrons la même division, avec cette différence que M. Brice a traité en second lieu, si je ne me trompe, ce que M. Petit a traité en troisième lieu.

Si vous le vouliez, nous pourrions envisager successivement chacun de ces cas, soit en nous basant sur l'amendement de M. Petit, soit sur celui de M. Brice, mais ce qu'il importe par-dessus tout de faire, c'est d'examiner séparément chacun des cas prévus. Les propositions présentées par M. Motteau et par MM. Drancourt et Fauquet peuvent précisément trouver place dans cette discussion.

Nous restons donc en présence des propositions Petit, Brice, Motteau, Fauquet et Drancourt, et des conclusions de M. Briat.

M. BRIAT. — Voulez-vous proposer la suppression de la mise en demeure comme régime général et le maintien de la mise en demeure comme exception ?

M. LE PRÉSIDENT. — Je crois qu'avant de nous prononcer sur l'un quelconque des systèmes qui nous sont proposés, il serait préférable de faire une discussion générale, car à notre dernière audience nous n'avons pas discuté beaucoup.

A la suite de son rapport, votre Rapporteur vous a proposé de supprimer la mise en demeure et de revenir au droit commun, c'est-à-dire d'appliquer pour le Ministère du Travail ce qui est appliqué aux Travaux publics. Quand on dit que l'on supprime la mise en demeure, cela ne veut pas dire que l'on supprime les délais ; l'inspecteur aura toujours le droit d'accorder à l'industriel le temps nécessaire pour accomplir les mesures qu'il lui prescrit.

M. BRIAT. — En effet, ce que je vous propose, c'est le droit commun, avec faculté pour l'inspecteur d'accorder à l'industriel le délai qu'il lui paraît nécessaire. M. Petit propose bien la suppression du recours devant le ministre, mais son système occasionnera tout de même des pertes de temps, alors qu'il serait plus simple d'agir comme on le fait pour les travaux publics.

M. Raoul JAY. — Il me semble que l'on ne peut pas appeler droit commun ce que vous nous proposez. Le droit commun, c'est celui qui sera appliqué dans le cas où l'on dresse procès-verbal immédiatement, où immédiatement la contravention est relevée. Le système qu'indique M. Briat peut être le droit commun dans les travaux publics, mais il n'est pas le droit commun de la loi de 1893 ; c'est une question de forme et il y aurait peut-être lieu de le préciser.

M. MOTTEAU. — Voulez-vous me permettre de rappeler ma proposition ?

Depuis plus de trente ans, je connais les besoins des ouvriers, je me suis occupé d'eux, et j'estime, comme le disait dernièrement notre Secrétaire général, que tous les patrons auraient dû s'intéresser aux lois ouvrières.

Voilà ma proposition au sujet de la mise en demeure :

La mise en demeure restera obligatoire, mais elle sera réglementée dans son application.

Je maintiens le principe de la mise en demeure, mais cette formalité pourra être supprimée lorsqu'il y aura péril éminent. Voilà une proposition qui est nouvelle, car dans la loi vous ne trouverez rien en cas de péril grave ; lorsqu'on voit que des hommes sont en danger grave, l'inspecteur ne peut pas supprimer la mise en demeure. Je crois, à ce point de vue, être d'accord avec M. Briat et avec notre Rapporteur.

Vous vous rappelez que, l'autre jour, le représentant du Syndicat des terrassiers nous a dit que dans leur corporation il y avait au moins 500 blessés et 70 morts d'accidents du travail ; il faut donc absolument, lorsqu'il y a danger éminent, que l'inspecteur ait le droit de faire immédiatement un procès-verbal.

Voici donc le texte de ma proposition :

(Lecture. — Voir le texte page 65).

Voilà, Messieurs, quelles sont mes propositions, je suis à votre entière disposition pour vous donner de plus amples explications.

M. le Président. — Voici maintenant le texte que nous propose M. Drancourt :

Que le premier paragraphe de l'article 6 de la loi du 12 juin 1893 soit modifié comme suit :

Toutefois, en ce qui concerne l'application des règlements d'administration publique prévus par l'article 3 ci-dessus, et dans les cas limitativement déterminés par ces règlements, les inspecteurs, avant de dresser procès-verbal, mettront les chefs d'industrie en demeure de se conformer aux prescriptions dudit règlement.

Je vous fais remarquer, Messieurs, que c'est le texte de M. Drancourt qui se rapproche le plus de celui qui vous est proposé par votre Rapporteur puisqu'en somme cela revient à dire que l'on supprime la mise en demeure, en général, la rétablissant pour des cas limitativement établis par des règlements.

La parole est à M. Drancourt.

M. Drancourt. — Ma solution est très simple.

Au lieu de faire trois catégories, ainsi qu'ont fait MM. Brice et Petit, je n'en fais que deux : ou la mise en demeure sera nécessaire, ou, d'autre part, elle ne le sera pas. Je prévois, dans les textes qui vous ont été soumis, des difficultés assez considérables lorsqu'il s'agira de déterminer si les travaux portent ou non sur le gros œuvre de l'établissement. Que faudra-t-il entendre par le gros œuvre ?

Je crains qu'à chaque instant nous n'ayons des difficultés à ce sujet ; c'est d'ailleurs la seule critique que j'ai à faire aux systèmes qui vous ont été proposés jusqu'ici, mais je crois qu'elle est sérieuse.

M. Brice. — Cette distinction figure déjà dans la loi actuelle et elle n'a soulevé en pratique aucune difficulté sérieuse.

Mon texte ne diffère pas beaucoup, sur ce point, de la manière de faire usitée jusqu'à ce jour puisque c'est seulement lorsqu'il s'agit du gros œuvre qu'il y a lieu également à la consultation du Comité consultatif.

M. le Président. — Je crois qu'il faudrait déjà nous prononcer sur la proposition que vous a faite M. Briat. Si nous décidions tout de suite de dire que l'on supprimera la mise en demeure, ce serait inutile d'aller plus loin.

M. Drancourt admet comme principe général le procès-verbal ; la mise en demeure n'aura lieu que dans les cas limitativement prévus par des règlements. Nous pourrions nous prononcer sur la thèse de MM. Briat et Drancourt ; puis, en ce qui concerne les cas où il y aurait lieu à mise en demeure, nous pourrions étudier soit le texte de M. Brice, soit celui de M. Petit.

M. Arquembourg. — Si, au point de vue pratique, il est assez facile de dire : « dans tel ou tel cas, il n'y aura pas de mise en demeure », je crois qu'au contraire, il serait très difficile de dire : « dans tel ou tel cas, il y aura mise en demeure ». C'est précisément dans des cas douteux, dans des cas à discuter que la mise en demeure est nécessaire ; comment pourrez-vous les énumérer à l'avance ?

Si l'inspecteur du travail se trouve en présence d'un péril imminent, il peut dire que, dans ce cas-là, le péril devant disparaître immédiatement, il n'y a pas lieu de faire une mise en demeure ; mais je crois qu'il est impossible de prévoir à l'avance les cas où il faudra établir une mise en demeure.

M. LE PRÉSIDENT. — Alors, vous combattez le système de M. Briat qui consiste à supprimer en général la mise en demeure et à la rétablir comme exception ?

M. ARQUEMBOURG. — Je n'admets pas ce système-là, parce que je dis qu'il est impossible de prévoir d'avance les cas qui donneront lieu à une mise en demeure. Il y a, en effet, des cas qui ne se sont jamais présentés, qui se révéleront au cours des inspections, qui résultent des modifications des industries, des perfectionnements des inventions de la science moderne, et que, par conséquent, vous ne pouvez pas établir dès maintenant. Si, au contraire, vous prévoyez que pour les cas dangereux, dont tout le monde peut se rendre compte de la gravité, il n'y aura pas de mise en demeure, je crois que vous aurez un système beaucoup plus logique et plus pratique.

M. ALFASSA. — Si j'ai bien compris l'argumentation de M. Arquembourg, elle se résume à ceci : il y a des cas qu'on ne peut pas énumérer, qu'on ne peut même pas prévoir et pour lesquels la mise en demeure s'impose ; il y aurait donc un grand inconvénient à vouloir poser comme principe général qu'il n'y aura pas de mise en demeure parce que peut-être ne trouverait-on pas de formule assez large pour faire entrer dans les cas où on en prévoira une.

A cet argument, j'oppose la considération suivante : la procédure de la mise en demeure était, dans l'esprit du législateur de 1893, une procédure d'exception. Depuis cette date, il s'est produit, dans la pratique, une évolution contraire à cet esprit, et la mise en demeure est devenue la règle. Si l'on considère la loi de 1893, on doit donc poser qu'en principe, la mise en demeure est l'exception.

Les prescriptions de sécurité et d'hygiène qui figurent dans la loi y sont inscrites depuis dix-sept ans ; on n'a pas le droit de ne pas s'en être préoccupé. Si l'on modifie la loi, ce sera pour rappeler que l'on doit s'en occuper sérieusement. La loi dira également s'il y a des cas où l'indutriel est dans l'impossibilité d'obéir, de sorte que la mise en demeure sera faite dans des cas nettement spécifiés.

Ce qui distingue essentiellement le système proposé par M. Brice et M. Petit de celui proposé par M. Briat et M. Drancourt, c'est que les deux premiers donnent la suppression de la mise en demeure comme une exception, alors que les deux autres la proposent comme règle générale.

M. Malmont. — On pourrait dire que, dans tous les cas non spécifiés par la loi, l'industriel devra être prévenu par une mise en demeure pour faire les travaux nécessaires.

M. Drancourt. — Il y a un point que je tiens à vous rappeler et qui, peut-être, a échappé à plusieurs de nos collègues : l'inspecteur du travail n'a pas un pouvoir de réglementation ; il ne peut que rappeler l'inobservation d'un règlement, d'une prescription. Ainsi, lorsqu'un treuil n'est pas muni d'un cliquet, l'inspecteur ne peut pas le prescrire ; de même, lorsqu'un puits n'est pas boisé, l'inspecteur ne peut que constater le fait, parce que ces diverses prescriptions ne sont pas dans le règlement.

Pour répondre à l'objection de M. Arquembourg, je dis qu'il serait très facile aux règlements d'administration de prévoir quelles seront celles de leurs prescriptions qui nécessiteront une mise en demeure et celles qui, au contraire, ne donneront pas lieu à mise en demeure.

M. Briat. — Je voudrais vous rappeler, Messieurs, comment il s'est fait que la section française de l'Association internationale pour la protection légale des travailleurs s'est occupée de cette question de la mise en demeure. Vous savez qu'elle a été saisie de cette question à la suite de plaintes multiples adressées à l'Association ouvrière pour l'hygiène des travailleurs à la suite de manifestations de la part des ouvriers, des travailleurs du Métropolitain qui déclaraient qu'on ne se préoccupait pas d'eux et que l'on permettait aux industriels de tourner les lois.

Depuis ce temps, j'ai vu un jugement rendu par la huitième Chambre du Tribunal correctionnel. Il s'agissait d'un entrepreneur du Métropolitain qui, malgré les mises en demeure de l'administration, s'était refusé plusieurs fois à faire les améliorations nécessaires. Il est allé devant la Tribunal correctionnel ; il a soutenu que les installations qu'on lui demandait étaient impossibles à réaliser. Le résultat de tout cela, c'est qu'il y a eu un premier accident, qui a blessé plusieurs hommes, et un second, qui en a blessé plusieurs.

Dans ces conditions, on se demande si vraiment on ne peut pas établir des mesures sévères contre des industriels qui agissent avec un semblable parti pris. Je crois que nous devons établir un texte bien précis qui permette à l'inspecteur de dresser procès-verbal immédiatement.

Une pareille négligence, une mauvaise volonté semblable est intolérable. D'ailleurs, nous ne cessons de dire aux industriels que c'est leur propre intérêt que d'éviter les accidents du travail : si vous payez des primes élevées, c'est parce que vous avez beaucoup d'accidents ; le jour où vos accidents diminueront, vos primes diminueront. Nous disons aux ouvriers : « Vous avez le devoir de vous défendre, car vous avez derrière vous une famille qui compte sur vous, qui a besoin de vous. »

Si vous ne voulez pas que les ouvriers disent que les lois sont faites pour être lues, mais pas pour être respectées, si vous ne voulez pas laisser l'inspecteur du travail désarmé devant le parti pris d'industriels comme celui dont je vous parlais tout à l'heure, acceptez donc ce que nous vous proposons : en principe la suppression de la mise en demeure, avec, pour un certain nombre de cas, le maintien de cette mise en demeure.

M. Deschamp. — Une simple remarque : M. Briat propose la suppression de la mise en demeure, mais il prévoit que, dans certains cas, on accordera un délai : je ne vois pas très bien la différence qu'il y a entre ce délai et la mise en demeure.

M. Briat. — Lorsque, par exemple, on a constaté qu'un treuil, faute d'un cliquet peut laisser tomber les seaux sur la tête de l'ouvrier qui se trouve en bas, nous n'admettons pas qu'on puisse accorder cinq minutes de mise en demeure lorsqu'il s'agit de la vie d'un homme ou peut-être de plusieurs. Au contraire, s'il s'agit de travaux d'hygiène, de travaux pour assurer l'aération d'un atelier, par exemple, je comprends que l'on donne quinze jours, vingt jours et même plus pour faire les travaux nécessaires. Au point de vue de la sécurité, je dis que la mise en demeure est nuisible, d'autant plus qu'il y a le recours devant le ministre, ce qui fait que parfois l'affaire dure deux ou trois ans, et que quelquefois même on ne fait rien du tout. C'est ce qui se passe pour le Métropolitain, pour les chantiers de construction : lorsqu'on devra exécuter les travaux, les chantiers auront disparu ou seront transportés dans un autre endroit.

M. Deschamp. — Je ne critique pas le principe de la suppression de la mise en demeure en général, la seule question que je pose, c'est celle-ci : dans le cas où un inspecteur accordera un délai pour effectuer certains travaux, quelle différence voyez-vous entre cet octroi d'un délai et la mise en demeure ?

M. Raoul Jay. — Dans ce cas, c'est une mise en demeure.

M. Deschamp. — Par conséquent, il n'y a pas grande différence entre la proposition de M. Briat et celles de ces Messieurs, qui maintiennent la mise en demeure.

M. Briat. — La différence, c'est que je l'admets seulement exceptionnellement.

M. Zacon. — Je suis partisan de la suppression de la mise en demeure. Vous avez entendu le nombre de morts et de blessés qui ont été énoncés, c'est effrayant. D'autre part, M. Briat vous citait tout à l'heure l'exemple d'un entrepreneur qui, pendant plusieurs années, a laissé se produire des accidents dans son chantier ; c'est pourquoi je suis partisan de la suppression de la mise en demeure en général ; mais je l'admets dans certains cas.

M. Arquembourg. — Ce qu'il y a de mauvais, je crois que c'est l'application défectueuse de la loi. Ce n'est pas une mise en demeure de quinze jours qui a beaucoup d'influence ; pour que la loi soit utile, il faut qu'elle soit appliquée strictement. Il faudrait établir des pénalités sévères pour ceux qui ne veulent pas faire ce que l'inspecteur leur prescrit de faire ; ne pas encombrer les tribunaux d'affaires insignifiantes.

M. le Président. — Messieurs, on vous a soumis diverses propositions. Pensez-vous qu'il faille conserver la mise en demeure comme une exception ? C'est cette question qu'il s'agit de trancher.

L'assemblée consultée se prononce à l'unanimité moins une voix pour la suppression de la mise en demeure comme règle générale.

M. le Président. — Il s'agit maintenant de formuler le principe que nous venons d'adopter de la meilleure manière possible. A cet égard, vous avez deux propositions : celle de M. Drancourt et celle de M. Briat.

M. Drancourt propose d'amender l'article 6 de la loi du 12 juin 1893, dans le sens suivant :

« Toutefois, en ce qui concerne l'application des règlements d'administration publique prévus par l'article 3 ci-dessus, et dans les cas limitativement déterminés par ces règlements, les inspecteurs, avant de dresser procès-verbal, mettront les chefs d'industrie en demeure de se conformer aux prescriptions dudit règlement. »

M. Brice. — Je demanderai alors que la pierre de touche appelée à servir à la distinction des cas dans lesquels il devrait y avoir ou ne pas y avoir une mise en demeure soit la division en travaux portant ou ne portant pas sur le gros œuvre.

M. le Président. — Voici maintenant ce que vous propose M. Briat :

« La mise en demeure est supprimée. Seulement pour certains travaux à déterminer par un règlement d'administration publique, des délais, avec recours à l'inspecteur divisionnaire du travail, pourront être accordés. »

M. Petit. — Je voudrais présenter une observation de méthode. En ce qui concerne la rédaction qui nous occupe actuellement, deux systèmes sont en présence : d'une part, celui que j'ai défendu et qui consiste à donner à l'inspecteur le droit d'apprécier, de juger la situation ; d'autre part, celui de M. Brice qui vous propose d'énumérer, dans un règlement d'administration publique, tous les cas dans lesquels la mise en demeure devra avoir lieu. Il s'agit de voir s'il est possible, s'il est prudent de recourir à une énumération par voie de règlement d'administration publique ou s'il n'est pas plus sage de laisser à l'inspecteur du travail un large pouvoir d'appréciation puisqu'il est le mieux à même d'apprécier les circonstances de cause.

M. le Président. — Si je ne me trompe, dans le cas que vous avez appelé intermédiaire, cas que vous avez envisagé en troisième lieu, vous avez laissé l'appréciation à l'inspecteur du travail. Mais il reste toujours à examiner la question des travaux qui toucheront ou ne toucheront pas au gros œuvre.

M. Brice. — La distinction sera déterminée le plus souvent d'après la conversation qui aura lieu entre le chef d'industrie et l'inspecteur. Lorsque l'inspecteur suggérera un travail à faire, si le patron objecte que ce travail porte non sur le gros œuvre de l'établissement, l'inspecteur pourra souvent lui démontrer qu'il n'en est rien. Un accord interviendra sur ce point entre les deux parties.

M. le Président. — Vous vous ralliez donc à l'amendement de M. Petit qui demande que l'on laisse l'inspecteur apprécier si les travaux intéressent ou non le gros œuvre.

M. Renard. — Comme le disait tout à l'heure, fort justement, M. Petit, il me semble que nous sommes en présence de deux systèmes différents, entre lesquels il nous faut choisir : ou bien il faut énumérer dans un règlement d'administration publique, les cas où il y aura mise en demeure, ou bien il faut laisser aux inspecteurs une certaine latitude et une certaine responsabilité.

Personnellement, je me prononce absolument en faveur du système proposé par M. Petit, parce qu'il me semble impossible, dans une loi, aussi parfaite qu'elle soit, dans un règlement d'administration, si bien fait soit-il, de prévoir tous les cas où la mise en demeure sera nécessaire. Il y a certainement, Messieurs, des cas qu'il est impossible de prévoir, car, avec les inventions nouvelles, il surgit, chaque jour, de nouveaux métiers, de nouvelles industries et par cela même de nouveaux dangers. Il arrivera alors ceci : c'est que l'industriel ou le manufacturier profitera du silence de la loi pour ne rien faire du tout. Je craindrais fort qu'avec ce système on ne passe trop facilement à travers les mailles du réseau, si serré que le législateur ait pu le faire, c'est-à-dire qu'on ne tourne la loi.

Au contraire, si on laisse une certaine latitude aux inspecteurs, une certaine responsabilité, ceux-ci seront mieux à même d'éviter les subterfuges qu'on ne manquera pas de chercher pour éviter la loi.

Voilà pourquoi, sans proposer une formule nouvelle, — je vous demande d'en faire une qui soit souple et précise — je me prononce pour le système proposé par M. Petit.

M. Fauquet. — Nous cherchons un texte qui précise les cas dans lesquels la mise en demeure ne sera pas applicable : nous sommes en présence de deux propositions différentes : l'une, celle de M. Brice, qui est, à une nuance près, identique à celle de M. Drancourt. L'une et l'autre réservent à des règlements d'administration publique le soin d'énumérer les cas dans lesquels la mise en demeure ne sera pas applicable. En somme, chacune de ces propositions prévoit deux listes de prescriptions, ce sera le pouvoir réglementaire qui décidera si tel cas doit être porté sur la liste A ou sur la liste B.

La proposition Petit est tout à fait différente. Ce n'est plus au pouvoir réglementaire que M. Petit s'en remet du soin de déterminer les prescriptions qui ne seront pas soumises à une mise en demeure. M. Petit insère dans la loi une définition générale et ce sera aux tribunaux à se prononcer sur la portée de cette définition générale, et il est à craindre que l'interprétation des tribunaux ne permette aux industriels d'échapper à toute espèce de sanction.

M. LE PRÉSIDENT. — Ce qu'il nous reste à faire maintenant, c'est de déterminer les cas dans lesquels il y aura lieu à mise en demeure. Le seul point qui reste en discussion est même celui-ci : les cas dans lesquels il devra y avoir mise en demeure devront-ils être déterminés par un règlement d'administration publique ou, au contraire, doivent-ils être laissés à l'appréciation de l'inspecteur du travail ?

M. FAUQUET. — L'appréciation de l'inspecteur, c'est la suppression complète de la mise en demeure.

M. LE PRÉSIDENT. — Au contraire, il ne faut pas dire que nous supprimons complètement la mise en demeure, puisque précisément nous donnerons, si vous le jugez ainsi, la faculté à l'inspecteur du travail de dire qu'il y aura mise en demeure. Soyez persuadés qu'il usera de son droit chaque fois que cela lui paraîtra utile.

M. Lebrun. — L'Association pour la protection légale des travailleurs vient d'adopter comme principe général la suppression de la mise en demeure. D'où vient le courant d'opinion en faveur de la suppression de la mise en demeure ? C'est tout simplement l'inefficacité, ce que l'on pourrait appeler la non-validité des mises en demeure. D'où provient cette inefficacité de la mise en demeure ? Des vices de l'organisation, de l'application de la loi. En effet, lorsqu'un inspecteur prescrit une amélioration, il y a déjà le recours devant le ministre, qui fait perdre beaucoup de temps. Mais il y a encore une autre difficulté beaucoup plus grave, dont on n'a pas encore parlé, qui constitue un véritable obstacle devant les tribunaux. Combien de fois les tribunaux n'ont-ils pas relaxé un industriel qui comparaissait devant eux par suite de l'inobservance de certaines prescriptions parce que la mise en demeure était mal faite ou plutôt, on peut dire qu'elle était trop bien faite, qu'elle était faite dans les termes de la loi. Le plus grand obstacle pour la réussite de la mise en demeure, c'est, j'ose dire, la forme que la loi a voulu lui donner.

Le défaut que je trouve au texte de M. Petit, c'est qu'il se rapproche trop du texte même de la loi ; j'ai également retrouvé ce texte, un peu mitigé, je veux bien, dans le texte de M. Brice. Ce texte dit : « Cette mise en demeure sera faite par écrit sur un registre spécial dont chaque établissement devra être muni et qui sera constamment tenu à la disposition de l'inspecteur. Elle sera datée et signée et indiquera les contraventions relevées. »

Jusqu'ici cela va, mais voici où les difficultés apparaissent :

« Elle fixera un délai à l'expiration duquel ces contraventions devront avoir disparu. »

Lorsque nous mettons un industriel en demeure de faire un travail, nous indiquons le fait d'espèce et non pas le fait d'ordre général ; nous sommes obligés de viser l'objet et non pas la règle. Un exemple : j'entre dans une usine, je vois un volant de poinçonneuse qui n'est pas protégé ; je fais une mise en demeure d'avoir à garantir le volant de cette poinçonneuse. J'indique la contravention, en me conformant aux prescriptions du règlement, et j'accorde un délai minimum de un mois. Six mois après, je repasse ; le volant est bien protégé, mais l'industriel, dans l'intervalle, a acheté une seconde poinçonneuse ou même deux, qui sont installées à part. Une nouvelle mise en demeure est nécessaire. La première mise en demeure ne pouvait viser des poinçonneuses qui pourraient être installées successivement.

Le texte de M. Brice modifie certainement très heureusement cet effet désastreux de la loi, en ajoutant que la mise en demeure s'appliquera aux contraventions identiques qui seront commises pour des faits semblables, tandis qu'avec la proposition de M. Petit nous restons absolument dans l'ancien texte.

Je vous cite encore un autre exemple : Dans les chantiers du Métropolitain, l'inspecteur fait une mise en demeure pour un monte-charge qui n'est pas dans les conditions réglementaires. Deux jours plus tard, si le chantier s'est transporté un peu plus loin, la mise en demeure ne vaut plus rien.

Voilà, Messieurs, ce qui a rendu la mise en demeure caduque, ce qui l'a rendue inefficace et inapplicable. Il faudrait donc bien prendre garde d'éviter ces obstacles. Peut-être pourrait-on adopter une formule du genre de celle de M. Drancourt, qui me plaît à cause de sa simplicité, dans laquelle il dit que les inspecteurs mettront les chefs d'industrie en demeure de se conformer aux prescriptions réglementaires. Cela aurait le mérite de ne pas exiger, de la part des inspecteurs, que l'on copie le texte de la loi. De cette façon, la mise en demeure subsistera constamment, alors qu'elle n'est que temporaire lorsqu'elle vise simplement l'objet.

M. le Président. — Un de ces Messieurs propose-t-il un texte pour fixer les idées au sujet de ce qui vient d'être dit ? Etes-vous décidés à remettre à l'inspecteur le soin de déterminer les cas exceptionnels dans lesquels il y aura lieu à une mise en demeure ou bien préférez-vous prévoir, dans un règlement d'administration publique, ces divers cas ?

M. Motteau. — Je trouve la question très bien traitée dans l'amendement de M. Brice ; il y aura ou non mise en demeure suivant que les travaux à faire toucheront ou non au gros œuvre. L'inspecteur n'aura qu'à se baser sur cette division des travaux en deux catégories.

M. Arquembourg. — Je demanderais que vous soumettiez à l'assemblée le texte de M. Brice qui me paraît très pratique et qui, certainement, doit l'être, étant donnée la grande expérience de M. Brice en la matière. Je crois que, parmi toutes les propositions qui nous sont soumises, celle-là doit tout particulièrement retenir notre attention.

M. Alfassa. — Est-ce que le texte de M. Brice demande à être modifié après le vote qui vient d'être émis ?

M. Brice. — J'estime que les cas dans lesquels la mise en demeure sera obligatoire ressortiront très bien du fait que, de l'aveu de l'inspecteur lui-même, les travaux à faire portent sur le gros œuvre.

M. Zacon. — Je propose, comme complément à la discussion qui vient d'avoir lieu, un amendement qui vise les cas non explicitement prévus par les règlements d'administration publique.

M. le Président. — Voulez-vous avoir l'obligeance de rédiger par écrit votre proposition ?

M. Brice. — La proposition de M. Zacon ne s'oppose nullement à mon texte. Elle pourrait même être insérée à la suite, à titre de disposition spéciale visant un ordre de faits différent.

M. Lebrun. — Je demanderai à M. Brice s'il voudrait bien consentir à remplacer, dans sa proposition, les mots : *elle indiquera les contraventions relevées*, par : *elle indiquera les prescriptions réglementaires non observées.*

M. Brice. — Ce texte présenterait cet inconvénient qu'un industriel qui n'aura pas le texte sous les yeux ne saura pas nettement à quelle disposition réglementaire il a contrevenu, si vous ne les lui rappelez pas expressément dans la mise en demeure.

M. Lebrun. — Il suffirait d'une simple circulaire ministérielle disant aux inspecteurs de donner le texte à tous les industriels.

M. Zacon. — Le texte de mon collègue M. Lebrun ne me donne pas satisfaction.

M. Brice. — La disposition proposée par M. Zacon

pourrait être intercalée après la première partie du texte que j'ai proposé.

M. LEBRUN. — Je voudrais bien également que l'on tienne compte de l'observation que je vous présentais tout à l'heure, à savoir que l'inspecteur, actuellement, lorsqu'il dresse une contravention, est obligé de viser l'objet et non la règle.

M. LE PRÉSIDENT. — Nous sommes tous d'accord. Nous pourrions, d'ailleurs, au besoin, demander à M. Brice de revoir son texte avec M. Lebrun afin que l'inconvénient que celui-ci nous a signalé ne se reproduise plus.

Je mets donc aux voix le premier point proposé par M. Brice. Que ceux qui en sont partisans veuillent bien lever la main.

Adopté.

Quant au deuxième paragraphe, il est à remarquer que M. Petit et M. Brice sont d'accord pour un délai minimum de quinze jours, avec, ensuite, cette différence que M. Petit admet, comme délai maximum, dix-huit mois, et M. Brice, trois ans.

M. BRICE. — On s'est beaucoup trop préoccupé de raccourcir les délais d'exécution. Cette question de délai est, en réalité, tout à fait secondaire. Depuis dix-sept ans que la loi a été promulguée, on aurait dû, depuis longtemps, avoir remédié aux états de choses défectueux et, cependant, combien d'installations sont encore imparfaites? Je reste donc sceptique sur l'efficacité de délais trop courts. J'estime, au contraire, qu'il ne faut pas vouloir aller trop vite ; bien souvent en n'accordant que six mois pour une installation nouvelle, qui nécessiterait un an de travaux, l'industriel ne fait rien parce qu'il estime à juste titre que le délai peut être porté à trois ans, au maximum, sans inconvénient, au contraire. Et il y aura même des cas où ce délai sera à peine suffisant.

M. Petit. — Je vous ai dit que, sur cette question de délai, je m'en remettais à l'appréciation des personnes plus compétentes que moi en la matière ; je suis prêt à me rallier à leurs propositions.

M. Drancourt. — Je suis d'avis de mettre trois ans, lorsque ce sera nécessaire.

Mme de Maguerie. — Je suis de l'avis de M. Brice ; il me semble que, dans certains cas, au point de vue de l'amélioration de certaines machines, il est impossible à un industriel de faire le nécessaire, même en trois ans. Je puis citer le cas d'un industriel de Clermont-Ferrand qui se trouvait dans cette situation. Il s'agissait de préserver les ouvriers contre des émanations de benzine et je sais qu'il a mis neuf ou dix ans pour arriver au résultat désiré. Peut-être serait-il plus simple de supprimer complètement cette clause relative au délai ?

M. Briat. — J'accepte le délai de trois ans ; ce n'est pas une question tellement importante.

M. le Président. — Pour mettre tout le monde d'accord, ne pourrait-on laisser cette fixation au soin du Comité des Arts et Manufactures ?

Etes-vous d'avis d'adopter ce deuxième paragraphe avec le délai de trois ans ?

Adopté.

C'est ici que pourrait prendre place l'amendement de M. Zacon.

M. ZACON. — Voici un texte. Il est bien entendu que l'on pourra en rectifier la forme:

Lorsque l'observation des prescriptions de sécurité et de salubrité nécessite l'exécution de mesures non explicitement prévues par les règlements d'administration publique, les inspecteurs, avant de dresser procès-verbal, mettront les chefs d'industrie en demeure, etc.

M. DRANCOURT. — Cette proposition a mon approbation. Je dois dire, cependant, qu'elle entraînerait une modification dans les articles 7 et 8 de la loi qui disent qu'il y aura contravention lorsque les faits auront été prévus par la loi ou par des règlements d'administration. Vous voyez où cela entraîne lorsqu'on veut entrer dans le détail.

M. BRICE. — Il faudrait retenir cette idée fort intéressante et l'examiner entre la séance d'aujourd'hui et la prochaine séance.

M. LE PRÉSIDENT. — Je crois, Messieurs, en raison de l'heure avancée, que nous devons suspendre la discussion. Nous avons élucidé certains points ; vous avez, notamment, voté d'une façon très nette la suppression de la mise en demeure comme règle générale. Pour les cas d'exception, nous nous trouvons en présence de la proposition de M. Petit et de celle de M. Brice, qui sont en désaccord l'un avec l'autre. Il nous restera donc, à la prochaine réunion, à les examiner et à adopter une formule pour l'amendement de M. Zacon, qui soit en harmonie avec le reste.

La séance est levée.

PROPOSITIONS DÉPOSÉES
à la suite de la discussion du 25 janvier 1910

Proposition de M. ZACON, inspecteur du travail.

Lorsque l'observation des prescriptions de sécurité et de salubrité nécessite l'exécution de mesures non explicitement prévues par les règlements d'administration publique, les inspecteurs, avant de dresser procès-verbal, mettront les chefs d'industrie en demeure.

Proposition de M. FAUQUET, inspecteur du travail.
Loi du 12 juin 1893-11 juillet 1903
Modification à l'art. 7

ART. 7, § 3. — Les chefs d'*établissement* sont civilement responsables des condamnations prononcées contre leurs directeurs, gérants ou préposés.

§ 4 add. — *Les tribunaux pourront reporter sur les propriétaires la responsabilité civile des condamnations prononcées contre leurs locataires, lorsque les contraventions résulteront de l'état de la chose louée. — Toutefois, les propriétaires ne pourront être mis en cause, par application du présent paragraphe, que s'ils ont été eux-mêmes l'objet d'une mise en demeure ou d'un avertissement dans les formes prévues à l'article 6.*

Séance du 22 février 1910

PRÉSIDENCE DE M. LIÉBAUT

M. LE PRÉSIDENT. — La séance est ouverte, Messieurs. La parole est à M. Brice.

M. BRICE. — Mesdames, Messieurs, à la dernière réunion de l'Association, nous avons accepté le principe de la suppression de la mise en demeure ; l'assemblée en était restée à examiner les textes à adopter pour donner, dans certaines conditions, au chef d'établissement, le temps nécessaire pour exécuter les améliorations portant sur le gros œuvre. Nous sommes tous d'accord sur ce point que, lorsqu'il s'agit d'apporter de grandes modifications dans l'installation d'une usine, il y a lieu de donner à l'industriel le temps indispensable pour faire les modifications utiles et pour apporter à son installation, soit au point de vue de l'hygiène, soit au point de vue de la sécurité, les transformations nécessaires.

Nous avons l'espoir de terminer aujourd'hui l'étude de la mise en demeure et de limiter son champ d'application, de façon à l'exclure des cas pour lesquels son maintien ne s'explique plus aujourd'hui. Ces cas sont de beaucoup les plus nombreux. Ils proviennent surtout du mauvais entretien d'installations existantes. On vous a cité des accidents très graves, dus à l'absence de dispositifs simples et même rudimentaires dans des chantiers où l'existence de ces dispositifs ne peut être ignorée.

M. le Président. — Nous sommes saisis de deux propositions : une de M. Zacon qui nous dit :

Lorsque l'observation des prescriptions de sécurité et de salubrité nécessite l'exécution de mesures non prévues par les règlements...

Nous avons également une proposition de M. Fauquet, inspecteur du travail, que nous examinerons tout à l'heure.

M. Brice. — Ces deux propositions me paraissent intéressantes, mais subsidiaires : elles pourraient passer après la discussion actuellement ouverte, et sur laquelle il faudrait d'abord se prononcer.

M. Lebrun. — A la dernière réunion, j'avais fait une observation en ce qui concerne le texte de la proposition de M. Brice au sujet des mots : « La mise en demeure sera datée et signée, et indiquera les contraventions relevées. »

J'avais indiqué quels pouvaient être les inconvénients de ce texte qui exige l'indication des contraventions relevées. Je dois dire qu'à ce moment, j'avais peut-être trop en vue l'ancienne mise en demeure qui avait précisément trouvé une entrave dans ces mots. Au contraire, dans la proposition de M. Brice, qui ne conserve la mise en demeure que pour les travaux du gros œuvre, ces mots trouvent leur application très rationnelle, car, la mise en demeure n'étant plus nécessaire que pour des prescriptions réglementaires s'appliquant à des faits précis, il est indispensable, cette fois, d'indiquer les contraventions relevées, c'est-à-dire d'indiquer sur quelle matière, sur quelle machine porte la mise en demeure.

Je retire donc l'observation que j'avais faite à la réunion précédente en ce qui concerne le vœu de M. Brice.

Dans la seconde partie de sa proposition, je trouve satisfaction : il n'est plus question de relever les contraventions, lorsqu'elles seront identiques. J'estime donc que ces mots : « Elle sera datée et signée, indiquera les contraventions relevées et fixera un délai à l'expiration duquel ces contraventions devront avoir disparu » ne gênent en rien la bonne marche de la mise en demeure.

M. Brice. — Nous sommes donc d'accord : les trois premiers paragraphes ont été adoptés.

M. Raoul Jay. — Il a été entendu que vous mettiez en tête la suppression de la mise en demeure.

M. Brice. — Il n'est plus question de mise en demeure au paragraphe premier de l'article 6, en ce moment en discussion.

En ce qui touche le gros œuvre, je suis d'avis qu'on procède par voie de mise en demeure. Dans mon deuxième paragraphe, je vise les transformations ne portant pas sur le gros œuvre, et dans le troisième, les prescriptions qui, leur inexécution ne pouvant faire l'objet d'aucune excuse légitime, doivent faire l'objet d'un procès-verbal immédiat.

Je vous propose toutefois une petite modification : au lieu de dire :

Si l'exécution des prescriptions des règlements prévus à l'article 3 ne nécessite point des transformations importantes portant sur le gros œuvre..., etc. Ce délai pourra être porté à six mois par le ministre du Travail et de la Prévoyance sociale, sur la réclamation du chef d'établissement, qui devra intervenir dans les quinze jours qui suivent l'avertissement.

Ne pourrions-nous dire que : *Ce délai pourra être porté à six mois par l'inspecteur divisionnaire seul, sans l'intervention du ministre ?*

Nous aurions ainsi une sorte d'appel auprès de l'inspecteur divisionnaire, plus expérimenté que les inspecteurs départementaux qui sont parfois des débutants. Il est nécessaire que l'on puisse accorder un délai de six mois dans certains cas, car il y a des transformations qui, bien que ne portant pas sur le gros œuvre, demandent cependant des études assez approfondies.

J'estime même que six mois ce n'est pas beaucoup ; nous avons été plus larges en ce qui concerne le gros œuvre.

J'ai tenu compte, dans ma proposition nouvelle, des idées exprimées par la Commission dans sa dernière séance, et je me suis dit aussi que, du moment que l'on supprimait la mise en demeure, il ne fallait pas la rétablir d'une façon indirecte, en conservant l'appel au ministre.

L'appel au ministre, vous le savez, occasionne des retards et des formalités inutiles qui pourraient, dans le cas présent, être supprimées ; quant à l'appel à l'inspecteur divisionnaire, il présente, au contraire, l'avantage d'être le recours naturel à une personne compétente, alors que le ministre, qui ne peut examiner la question sur place, sera forcément amené à requérir l'avis du Comité consultatif des Arts et Manufactures.

M. Fagnot. — Je suis dans une situation bien délicate pour réfuter les idées exposées par M. Brice.

Je vois actuellement que M. Brice va un peu loin en remplaçant le ministre, c'est-à-dire le représentant de la société tout entière, par un fonctionnaire. Il me semble que c'est là une mesure extrêmement grave. Je comprends bien que l'inspecteur divisionnaire est bien placé pour juger la décision prise par l'inspecteur départemental ; mais il me semble que l'on ne donne pas aux industriels une garantie suffisante contre les abus de l'autorité ; je crois que le ministre, qui est l'émanation suprême de la puissance publique, doit toujours pouvoir être saisi d'une réclamation émanant d'un industriel.

Je pense également que ce ne serait pas une bonne politique de nous en remettre, pieds et poings liés, à un fonctionnaire, même au second degré. Lorsque nous édictons une décision, il doit y avoir un recours ; or, l'inspecteur du travail est, avant tout, un agent d'exécution.

L'appel à l'inspecteur ne me paraît donc pas suffisant ; je suis donc partisan du maintien pur et simple de la proposition initiale.

M. Brice. — Je ne crois pas que l'appel au ministre, lorsque la question soulevée ne nécessite aucune transformation importante, doive être maintenu. L'administration centrale, que vous qualifiez de « service compétent », mériterait plutôt en l'espèce d'être qualifié de « service incompétent ». Le ministre est très éloigné du lieu où se passe l'affaire ; il ne peut rien savoir que ce que lui dira l'inspecteur divisionnaire. En général, il suivra son avis. En conservant l'appel au ministre, on arrivera donc au même résultat, mais avec cette seule différence, c'est que la décision ministérielle sera plus longue à obtenir.

En outre, en adoptant le système que je vous propose, il reste toujours la ressource de la discussion devant les juges. Lorsque l'industriel prétend qu'il a fait tout ce qu'il devait faire, si l'inspecteur a de justes raisons d'être d'un avis contraire, il n'existe plus d'autre ressource que de s'adresser au juge. L'inspecteur alors dresse procès-verbal ; de son côté, l'industriel apporte toutes les justifications qui sont en son pouvoir afin d'établir qu'il a fait le nécessaire, telles que l'enquête ou l'expertise.

Par conséquent, l'industriel possède toutes les garanties nécessaires contre les abus improbables dont le service pourrait se rendre coupable.

M. le Président. — La parole est à M. Petit.

M. Petit. — J'ai à faire, à la proposition de M. Brice, une objection tout autre que celle que vient de lui adresser M. Fagnot.

Je ne trouve pas, dans la proposition de M. Brice, l'idée qui a été, si je ne me trompe, le point de départ des propositions de réforme de la mise en demeure, idée qu'a exprimée notre rapporteur, M. Briat, dans la première séance consacrée à l'étude de cette question.

M. Briat, et quelques représentants des syndicats ouvriers avec lui, nous ont cité un certain nombre de cas précis, concrets, dans lesquels la mise en demeure avait eu pour conséquence des accidents graves, parfois mortels, en raison même des délais trop prolongés qu'elle comporte. En d'autres termes, il s'agissait de cas où des travaux s'imposent immédiatement, en raison du péril imminent qui menace les ouvriers.

Je constate que, dans la proposition de M. Brice,

ces cas sont complètement perdus de vue ; car de deux choses l'une : ou bien nous sommes dans votre première hypothèse, et c'est le régime actuel de la mise en demeure ; ou bien nous sommes dans votre seconde hypothèse, et c'est le régime de l'avertissement avec un délai pouvant aller jusqu'à six mois.

M. Brice. — Pardon, il y a un troisième cas, celui de la contravention dressée sans mise en demeure ni avertissement préalable.

M. Petit. — Votre paragraphe final ? Mais il est en contradiction avec le principe même que nous avons voté à notre dernière réunion. Nous avons, en effet, voté en principe la suppression de la mise en demeure ; or, comment le dernier paragraphe de la proposition de M. Brice est-il conçu ?

Les règlements d'administration publique prévus à l'article 3 ci-dessus énuméreront celles de leurs prescriptions pour lesquelles il n'y aura lieu à aucune formalité préalable à la constatation et à la poursuite des contraventions par procès-verbal.

Puisqu'en règle générale nous avons supprimé la mise en demeure, nous ne pouvons sans contradiction venir dire ensuite qu'un décret énumérera limitativement les cas où elle ne s'appliquera pas.

M. Brice. — Nous n'avons jamais écrit que nous supprimions la mise en demeure ; nous l'avons seulement réduite à certains cas exceptionnels et je crois être d'accord avec le principe qui a été voté.

M. le Président. — Je vous en prie, Messieurs, procédons avec ordre. Voulez-vous, Monsieur Brice, répondre immédiatement à chaque question ou qu'un ordre d'inscription soit suivi ? Dans ce dernier cas, la parole est à M. Petit.

M. PETIT. — Si je ne me trompe, au début, notre plan de discussion a été le suivant : 1° en règle générale la mise en demeure est supprimée ; 2° nous apporterons des dérogations à cette règle. Il reste à savoir seulement comment ces dérogations seront indiquées.

J'avais proposé une première méthode : procéder par voie de définition, définir avec la plus grande précision possible (je reconnais que c'est chose délicate) certaines catégories de cas dans lesquels la mise en demeure serait maintenue.

Vous avez proposé un autre système qui, si j'ai bien compris, consiste non pas à définir en des formules plus ou moins générales les catégories de cas dans lesquels la mise en demeure sera maintenue, mais à énumérer limitativement les cas dans lesquels *il n'y aura pas* de mise en demeure ! Cette méthode me paraît être en contradiction flagrante avec notre point de départ.

M. LORIN. — J'avais l'honneur de présider la séance dernière, et c'est pour appuyer M. Petit, au point de vue de l'ordre des débats, que je prends la parole. Il a été procédé à un vote régulier aboutissant à dire que le principe de la mise en demeure était supprimé en règle générale, et c'est en partant de ce point acquis que nous devons déterminer les cas exceptionnels dans lesquels il y aura lieu à mise en demeure.

M. ARQUEMBOURG. — Voilà, Messieurs, l'inconvénient de voter sur des principes ; lorsqu'on a voté sur un principe, on est lié par le vote, et lorsqu'on arrive à la rédaction d'un texte, on s'aperçoit que l'on se trouve en face d'impossibilité.

Lorsqu'on a voté sur la suppression du principe de la mise en demeure, j'ai présenté des observations et j'ai dit qu'il me paraissait préférable de discuter les textes qui nous étaient proposés pour améliorer les réglementations atuelles plutôt que de voter un principe, sans savoir si ce principe pourrait ensuite s'adapter aux différents textes proposés.

Depuis que nous avons voté la suppression de la mise en demeure, nous nous trouvons en présence de difficultés qui me paraissent insolubles puisque, après avoir adopté la suppression de la mise en demeure, nous arrivons à la rétablir.

M. Petit fait observer qu'ayant voté le principe de la suppression de la mise en demeure, nous nous trouverons, par cela même, conduits à définir dans quels cas particuliers cette mise en demeure pourrait être maintenue.

Si nous voulions déterminer dans un règlement d'administration publique les cas dans lesquels il y aura lieu à mise en demeure, nous nous trouverions en face de grosses difficultés, car il y a des cas que nous ne pouvons pas prévoir actuellement; alors qu'il serait plus simple de dire que, dans tels et tels cas, il n'y aura pas lieu de mise en demeure. Nous pouvons ainsi dire, à l'avance, qu'il n'y aura pas de mise en demeure lorsqu'il s'agira de couvrir des engrenages, de munir des échafaudages d'un garde-corps, etc.

Je désirerais également poser une question à M. Brice ; elle se réfère peut-être aux paragraphes déjà votés, mais, comme le mot se retrouve dans le second paragraphe, il me paraît nécessaire qu'il soit défini d'une façon complète.

Qu'est-ce que M. Brice entend par le gros œuvre de l'établissement ? Est-ce tout ce qui touche à la construction même de l'établissement ? Si ce mot doit avoir un sens aussi restrictif, je crois alors que les délais que nous avons fixés sont absolument insuffisants. Supposez, en effet, qu'il s'agisse d'établir une ventilation dans un atelier ou un système destiné à l'enlèvement des poussières ou des buées, le délai d'un mois est absolument ridicule et le délai de six mois est également inapplicable. Il y a, en effet, des transformations qui ne portent pas sur le gros œuvre, si l'on entend par ce mot ce qui se rapporte exclusivement à la construction, mais qui nécessitent des installations d'une importance telle que ce n'est pas en un mois, en six mois et peut-être même en un an, que l'on peut les effectuer.

M. Briat. — N'oubliez pas que la loi est déjà vieille de dix-sept ans, et que, par conséquent, les industriels ont déjà eu dix-sept ans pour se mettre en règle.

M. Arquembourg. — C'est certain, mais, en ce qui concerne certaines questions d'hygiène, il y a dix-sept ans que l'on cherche des solutions qui ne sont pas encore trouvées. Ce n'est pas parce qu'un règlement intervient que l'on trouve les solutions, et la loi a eu le tort de dire que les industriels devraient avoir des établissements absolument perfectionnés. La loi a eu le tort de vouloir décréter le progrès et de dire que, dans un temps déterminé, on devra avoir trouvé toutes les solutions. J'ai eu dernièrement encore une conversation avec un très important fabricant d'appareils pour ventilation ; il m'a avoué que bien souvent il se trouvait très embarrassé pour faire les installations demandées.

C'est évidemment un argument que de dire que la loi existe depuis dix-sept ans, mais c'est un argument dont il faut bien peser la portée avant de s'en servir.

Je crois donc, en résumé, qu'il faudrait ajouter au gros œuvre les installations importantes qui nécessitent un assez long laps de temps pour pouvoir être réalisées.

M. Alfassa. — Je voudrais demander à M. Arquembourg si, en réalité, il n'est pas partisan de l'avis que j'ai déjà exprimé. Il m'est toujours apparu que, lorsqu'on parlait des travaux intéressant le gros œuvre, il fallait entendre, par ce mot, les travaux de ventilation qui, véritablement, ne peuvent être effectués sans intéresser le gros œuvre.

Ce mot de gros œuvre ne veut pas dire édifier ou détruire et il me paraît certain que les travaux de ventilation, d'enlèvement des buées, des poussières étaient compris, par ceux qui demandaient le maintien de la mise en demeure pour le gros œuvre, dans cette catégorie.

Il nous a paru très sage de maintenir la mise en demeure dans certains cas. En effet, pour l'enlèvement des buées, par exemple, en conservant la mise en demeure, nous permettons à l'inspecteur de contrôler les efforts qui ont été faits par l'industriel et de mettre celui-ci en demeure de faire les perfectionnements nécessaires au fur et à mesure que des solutions se présentent.

Il importe, dans des cas comme celui qui nous occupe, que la discussion qui a lieu indique bien l'état d'esprit dans lequel une résolution est votée. Si M. Arquembourg voulait nous présenter une rédaction qui nous permettrait d'exprimer tout ce que nous avons dans l'idée, il nous rendrait un grand service ; en tout cas, je crois que les discussions qui ont eu lieu au sujet de la question de la mise en demeure indiquent suffisamment le but que nous poursuivons.

M. Lorin. — Est-ce qu'il ne serait pas possible de rédiger quelque chose dans ce sens : « Les inspecteurs du travail, dans les cas ci-dessous visés, mettront les industriels en demeure de se conformer au régime indiqué ». Puis on ferait une énumération des cas pour lesquels une mise en demeure serait prévue ; par conséquent, pour tous les cas qui ne seraient pas visés dans ce paragraphe, il n'y aurait pas mise en demeure.

M. Brice. — En ce moment, nous discutons simplement sur des mots. Il résulte du système que je vous propose que la mise en demeure serait l'infime exception : elle n'existerait plus que pour les modifications se rapportant au gros œuvre. Puis il reste les cas où il n'y aura pas lieu à mise en demeure ; ici, je sous-distingue encore les cas où les réparations ne peuvent pas être faites immédiatement, et j'indique que, dans ces conditions, il est nécessaire de procéder par avis préalable. Enfin, dans un dernier paragraphe, je m'occupe des cas où il n'y aura lieu ni à mise en demeure, ni à avis. Les règlements d'administration publique énuméreront ensuite, dans un article final, toutes celles de leurs dispositions pour lesquelles l'inspecteur départemental pourra dresser immédiatement procès-verbal, sans aucune espèce de formalité préalable.

M. Briat. — En tant qu'auteur de la proposition de la suppression, en principe, de la mise en demeure, j'ai accepté que, dans certains cas, elle soit maintenue ; je me déclare favorable à l'amendement de M. Brice.

M. Arquembourg nous faisait un reproche d'avoir agi à l'inverse de ce que nous aurions dû faire, je ne suis pas de son avis. Regardez le législateur : il pose une loi, puis, ensuite, il indique les dérogations dans les articles suivants.

Je dois également vous dire que je ne partage pas l'opinion de M. Fagnot au sujet du maintien de l'appel au ministre. Le ministre, en effet, ne prend pas lui-même de décision, il est obligé de consulter les personnes compétentes. Pourquoi, dans ces conditions, compliquer les choses et permettre aux industriels d'user de leur influence politique pour reculer la sanction d'un règlement d'administration publique qui fait force de loi ?

Je crois, Messieurs, que nous nous sommes engagés dans la bonne voie en demandant la suppression de la mise en demeure pour tous les accidents qui peuvent être occasionnés par la mauvaise volonté des patrons. Pour vous le prouver, je vous ai cité l'exemple des ouvriers du Métropolitain. On avait fait savoir à un chef de travaux qu'il devait mettre un cliquet à un monte-charge ; malgré cette mise en demeure et condamnation par le tribunal de simple police, le patron n'a pas apporté les modifications demandées et d'autres ouvriers ont été tués. Ce patron, qui avait été cause de la mort de deux ou trois ouvriers et dont d'autres avaient été blessés avec incapacité de travail, cet industriel, en correctionnelle, n'a été puni que de 500 francs d'amende. Vraiment, lorsque, dans des cas semblables, il ne s'agit que d'ajouter un petit cliquet pour prévenir les accidents, on ne peut pas demander qu'il y ait une mise en demeure.

Vous savez, Messieurs, que chaque trou du Métropolitain constitue un chantier particulier. Et maintenant la mise en demeure, l'industriel fera appel devant le ministre ; ensuite, il ouvrira un trou quelques mètres plus loin, ce qui donnera lieu à une nouvelle procédure, de sorte qu'il ne fera jamais le nécessaire et que de malheureux ouvriers pourront être victimes de sa mauvaise volonté. Je dis donc que, dans des cas semblables, il est indispensable qu'il n'y ait pas de mise en demeure.

Je comprends parfaitement, d'autre part, lorsqu'il s'agit d'améliorations au point de vue de l'hygiène, soit de ventilation, d'aération, etc., que l'on accorde aux industriels le temps qu'il leur faut pour faire les installations nécessaires dans les meilleures conditions possibles.

Voilà pourquoi je me rallie au texte de M. Brice qui, tout en respectant les intérêts des industriels, donne aux ouvriers des garanties sérieuses.

M. Lorin. — Ne pourrait-on pas expliquer qu'en principe c'est le procès-verbal qui sera la règle ? Ensuite, on spécifierait : dans tel et tel cas, les inspecteurs accorderont une mise en demeure et, à cet endroit, nous insérerions les trois paragraphes de la proposition de M. Brice en supprimant le dernier paragraphe.

M. Brice. — D'après votre proposition, on ne viserait plus que deux cas : le premier qui comporterait la mise en demeure lorsqu'il s'agirait du gros œuvre et un second cas dans lequel il devrait toujours être dressé procès-verbal immédiatement.

M. Lorin. — Nullement.

M. Brice. — Si, entre la mise en demeure et le cas de contravention immédiate, nous ne maintenons pas un cas intermédiaire, les industriels auront toujours tendance à prétendre qu'ils se trouvent dans un cas où la mise en demeure est obligatoire.

M. Alfassa. — Je voulais demander à M. Lorin de bien vouloir nous lire sa proposition ; actuellement nous discutons sur des pointes d'aiguille.

M. le Président. — La parole est à Mme de Maguerie.

Mme de Maguerie. — Je désirais simplement dire que la proposition de M. Lorin me paraît excellente. Elle pose, en effet, le principe que nous avons voté à la presque unanimité, c'est-à-dire la suppression de la mise en demeure comme règle générale, en acceptant des dérogations. Je crois que c'est absolument ce que nous avons voulu exprimer.

M. Raoul Jay. — Je crois que la proposition Brice peut très bien être présentée toute seule. M. Brice nous dit : « Toutefois, en ce qui concerne les règlements d'administration publique prévus à l'article 3 ci-dessus, il sera procédé comme il est indiqué ci-après » et cette formule est équivalente à celle que nous proposerait M. Lorin.

Je lui signale que, pour que sa proposition ait la portée qu'il voudrait lui donner, il faudrait modifier le quatrième paragraphe de la proposition de M. Brice, car ce paragraphe n'est rédigé que d'une façon négative.

M. LORIN. — C'est la règle générale.

M. Raoul JAY. — Evidemment, il faudrait le rédiger autrement, si nous ne voulons pas qu'il devienne la règle générale ; si nous ne prenons pas de précautions, la règle générale serait un avertissement qui viendrait encore compliquer les choses. Mais précisément le dernier paragraphe obvie à cet inconvénient.

Il faut donc, ou garder le dernier paragraphe de la proposition de M. Brice, ou rédiger d'une autre façon le paragraphe 4.

M. PETIT. — Je n'en persiste pas moins à penser qu'il y a une contradiction dans la méthode de M. Brice. Nous disons : en principe la mise en demeure est supprimée. M. Brice la maintient pour les cas intéressant le gros œuvre ; pas de discussion sur ce point, nous sommes d'accord. Puis, dans son paragraphe 4, il prévoit, il impose un avertissement ; et, comme l'observait tout à l'heure M. Jay, ce régime va devenir la règle générale. Cet avertissement pourra être porté, sur appel, à six mois ; nous retombons ainsi dans un système voisin de la mise en demeure, avec l'inconvénient, que nous voulions éviter, des délais exagérés.

M. BRICE. — En principe, le système de l'avertissement comporte un délai d'un mois.

M. Petit. — Ce délai peut être élevé à six mois par l'inspecteur divisionnaire. Mais enfin où est votre règle générale ? Est-ce le droit commun, sans mise en demeure ni avertissement ; ou bien est-ce le régime de l'avertissement préalable obligatoire tel que l'organise votre paragraphe quatrième ?

M. Brice. — C'est évidemment le régime dont vous venez de parler puisque le règlement d'administration publique devrait indiquer les cas où la contravention est de droit.

M. Arquembourg. — Nous sommes partisans, en principe, de la suppression de la mise en demeure, mais, lorsque nous discutons les textes, nous nous apercevons qu'il est indispensable de la rétablir, car certaines transformations, bien que ne touchant pas au gros œuvre proprement dit, nécessitent des travaux très importants. Pour ces cas-là je pense également qu'il serait bon de maintenir le recours au ministre, qui fera étudier la question par des comités compétents afin de déterminer si l'état actuel de la science permet d'obtenir une solution immédiate.

Pour les difficultés de moindre importance, je suis tout disposé à me rallier au système que nous propose M. Brice, c'est-à-dire le recours à l'inspecteur divisionnaire. Dans cette deuxième catégorie, ce ne sera plus la mise en demeure avec recours au ministre, ce serait un simple délai accordé par l'inspecteur divisionnaire. Je crois, en effet, que pour les questions d'hygiène, par exemple, on peut accorder un certain délai ; cela est même peut-être désirable. Mais, si l'on se trouve en présence d'un treuil qui n'a pas de cliquet, qui n'a même pas d'engrenage — et il y en a ainsi, — il est nécessaire que l'inspecteur puisse dresser un procès-verbal immédiatement, car le danger est imminent.

M. le Président. — La difficulté, Monsieur Brice, de votre proposition, c'est que, en faisant votre nomenclature, si vous oubliez un seul cas, vous aurez la mise en demeure en principe.

M. Brice. — Avec le système que propose M. Arquembourg, nous serions également obligés de faire une nomenclature.

M. Arquembourg. — Avec cette différence que, si vous oubliez quelque chose dans votre nomenclature, ce sera l'industriel qui en bénéficiera. Encore une fois, je dis que l'on peut faire une nomenclature de choses à faire, mais que l'on ne fait pas une nomenclature négative de choses inconnues. Si l'on doit appliquer les lois avec rigueur, il ne faut cependant pas les appliquer par surprise ; il faut que l'industriel sache ce qu'il doit faire, il faut qu'il sache dans quel cas il tombe sous le coup des sanctions prévues.

M. Briat. — Il y aura la loi et personne ne doit l'ignorer.

M. Arquembourg. — Ce serait très bien si, en ce qui concerne l'hygiène et la sécurité, on pouvait prévoir les modifications à apporter, si l'industriel pouvait savoir à l'avance ce qu'il aurait à faire, mais ce sont le plus souvent des questions d'appréciation telles que l'industriel ignore souvent et de très bonne foi qu'il existe chez lui telle et telle chose dangereuse. Vous faites donc peser sur lui une très lourde responsabilité, une menace, vous le mettrez entre les mains de l'inspecteur du travail, je veux dire des inspecteurs inexpérimentés, — et il y en a — ne serait-ce que les débutants — qui feront à un industriel de bonne foi une contravention pénible.

M. Drancourt. — Je demande à M. Brice s'il ne consentirait pas à modifier le paragraphe relatif à l'avertissement de la manière suivante :

« Si l'exécution des prescriptions des règlements prévues à l'article 3 ne nécessite point des transformations assez importantes, ne portant pas toutefois sur le gros œuvre de l'établissement..... », etc., puis la suite ainsi qu'elle est rédigée actuellement.

Nous aurions ainsi trois cas bien déterminés : le premier dans lequel les travaux portent sur le gros œuvre, avec mise en demeure ; le deuxième cas, c'est-à-dire que les travaux ne portent pas sur le gros œuvre, mais demandent cependant des transformations importantes ; enfin un troisième cas qui serait le plus général et dans lequel il n'y aurait pas lieu ni à mise en demeure ni à avertissement.

M. Brice. — Votre rédaction aboutirait en fait au même résultat que la mienne. Elle pourrait très bien lui être substituée.

M. Drancourt. — Je vous demande cela afin qu'il n'y ait pas de difficultés.

M. Petit. — Nous n'avons nul besoin de dire expressément que nous supprimons la mise en demeure ; si nous n'en parlons pas dans notre texte, nous maintenons par là même, purement et simplement, le droit commun, c'est-à-dire le procès-verbal immédiat, toutes les fois qu'une contravention est constatée. Ce que nous avons à prévoir expressément, ce sont seulement les exceptions ; nous pouvons le faire en procédant par voie de définition : c'est d'ailleurs ce qu'a d'abord fait M. Brice en maintenant la mise en demeure pour les cas où le gros œuvre est intéressé. Nous pouvons, si vous l'aimez mieux, procéder par voie d'énumération et dire : Pour l'application de telles et telles dispositions du décret il y aura lieu à mise en demeure. Vous choisirez le mode que vous préférerez ; pour ma part, j'ai déjà dit pourquoi le premier me paraît préférable ; mais il n'est guère possible de cumuler les deux systèmes : il faut que l'on opte pour l'un ou pour l'autre.

Je persiste à considérer comme contradictoire la méthode que nous propose M. Brice. Il admet que nous supprimions, pour commencer, la mise en demeure ; puis, dans son dernier paragraphe, il veut qu'un décret énumère les cas où il n'y aura pas lieu à mise en demeure. En outre, M. Brice, dans sa deuxième hypothèse, qui n'est autre, il nous l'a dit, que la règle générale, établit un avis préalable et obligatoire qui ressemble beaucoup à une mise en demeure.

M. Brice. — Non pas. Lorsque l'inspecteur se trouvera en présence de modifications nécessitant des travaux d'importance variable, il pourra accorder, suivant les cas, un délai de 24 heures, 48 heures, 8 jours. Il n'y aura pas, dès lors, une grande différence entre mon deuxième et mon troisième cas.

M. Petit. — Si vous tenez à procéder par voie

d'énumération, je ne conçois de règlement d'administration publique que pour dire une chose : « Dans tel et tel cas, *il y aura* mise en demeure » ; dans tous les autres cas, le principe général s'applique, sans qu'on ait à le dire, — par cela même que c'est le principe général.

M. Renard. — Ce que je voulais dire vient d'être dit par M. Petit. Il me semble, en effet, que nous manquons de méthode, en ce moment, dans la discussion. Ou bien le principe de la mise en demeure a été adopté et, alors, il faut en accepter toutes les conséquences, ou bien il faut revenir sur le vote que l'assemblée a émis dans sa précédente réunion, et dans ce cas il faut le dire franchement : que M. Arquembourg demande franchement à l'assemblée de revenir sur son vote ; en tout cas, il faut prendre le principe que nous adoptons avec toutes ses conséquences. Il est évident que, si la mise en demeure devient le droit commun, il ne peut plus y avoir que deux choses : les dérogations et les exceptions. C'est pour ces raisons que j'accepterais volontiers le premier paragraphe de M. Brice ; quant au dernier, je ne le comprends pas du tout. Je reconnais qu'il serait bon de donner aux inspecteurs un guide, mais, si nous devons adopter ce dernier paragraphe, je trouve que sa place serait en tête de la proposition.

M. Boisselier. — Je voudrais vous citer un cas qui vous prouvera que parfois la mise en demeure a sa raison d'être. Tout à l'heure, on parlait de ventilation : je connais un industriel qui a dans son établissement un système de ventilation qui a été accepté par l'inspecteur du travail pendant une quinzaine d'années. Cet inspecteur vient dire maintenant que ce système n'est pas suffisant et oblige l'industriel à établir dans son usine un aspirateur. Or, l'industriel a dans son usine une machine qui produit juste la force motrice nécessaire aux besoins de l'établissement : il se trouve donc dans l'impossibilité matérielle, quant à présent, de donner satisfaction à l'inspecteur parce que sa machine est insuffisante. Cet industriel va donc se trouver dans l'obligation d'acheter une machine plus puissante, chose qu'il ne peut pas faire du jour au lendemain. Voilà donc un cas où il faut considérer que la mise en demeure s'impose, attendu que cet industriel a pu, pendant une quinzaine d'années, fonctionner dans les mêmes conditions qu'il le fait actuellement et que tout d'un coup il se trouve dans l'obligation de réaliser des aménagements coûteux.

M. Lorin. — Vous aurez satisfaction ; puisque nous faisons entrer ce cas dans les deux exceptions formulées par M. Brice.

M. Arquembourg. — Je crois, encore une fois, qu'il serait imprudent de vouloir faire un règlement d'administration dans lequel seraient énumérés les cas où il n'y aurait pas de mise en demeure, car nous risquerions d'en oublier et, plus tard, nous pourrions nous trouver en présence de graves difficultés.

M. Brice. — Tout ceci, Messieurs, se résout en une simple question de rédaction. Nous voulons tous obtenir le même résultat, mais nous prenons pour y arriver des chemins différents. J'avais pour ma part réservé l'énumération pour le dernier paragraphe, celui où la contravention peut être relevée immédiatement; on peut la faire entrer dans le second paragraphe en disant : « Les prescriptions pour lesquelles il y aura lieu de procéder par voie d'avis préalable seront prévues par des règlements d'administration publique. » Il en résulterait que, dans tous les autres cas, le procès-verbal pourra être dressé immédiatement.

M. FAUQUET. — Il ne faut pas oublier non plus l'article 2 de la loi qui énumère un certain nombre de prescriptions pour lesquelles le droit commun est applicable. L'article 6 constitue une sorte d'exception aux règles générales et c'est précisément la portée de cette exception que nous voulons limiter.

Nous revenons ainsi à la formule de M. Drancourt : « Toutefois, en ce qui concerne l'application des règlements d'administration prévus par l'article 3 ci-dessus *et dans les cas limitativement prévus par des règlements d'administration*, il sera procédé comme il est indiqué ci-après ». Nous limitons, de cette façon, les cas dans lesquels il y aura lieu à mise en demeure ou à avertissement.

M. ALFASSA. — J'avais demandé la parole ; mais, après ce que viennent de dire ces messieurs, je n'ai rien à ajouter.

M. LEBRUN. — La discussion, Messieurs, s'allonge beaucoup et surtout, je crois, en raison de la deuxième proposition contenue dans le vœu de M. Brice.

La première partie du vœu de M. Brice a établi une mise en demeure pour des cas dans lesquels tout le monde l'a reconnue comme indispensable. Nous trouvons, dans la seconde partie du vœu, une distinction, une division : certains cas devraient donner lieu à un avertissement et les autres pas.

Pourquoi un avertissement ? Parce que l'on craint, on redoute les excès d'autorité de l'inspection du travail.

Si l'on veut examiner les excès d'autorité commis par l'inspection du travail depuis 17 ans, je crois qu'on ne pourra pas en trouver beaucoup d'exemples. En ce qui concerne les règlements d'administration publique se rattachant à l'hygiène et à la sécurité du travail des enfants et des femmes, règlements qui ne comportent ni mise en demeure, ni avertissement, je ne crois pas que l'on puisse relever des excès d'autorité de la part de l'inspection, je vais même jusqu'à dire que c'est la règle pratique de tout le service de l'inspection de donner des avertissements. L'inspecteur du travail passe la moitié de sa carrière à donner des avertissements et je ne vois pas l'utilité d'en prescrire par une loi puisque c'est une mesure administrative adoptée depuis 17 ans, qui est entrée dans les mœurs de l'administration. On pourrait donc, tout simplement, se contenter d'adopter la première partie du vœu de M. Brice. Il est inutile, quant à moi, de rien spécifier d'autre ; les inspecteurs verront, lorsqu'ils se trouveront dans des cas difficiles, s'il convient d'accorder un avertissement, un certain délai. Vous pouvez, en tout cas, vous en remettre à leur bienveillance.

Je suis partisan, bien entendu, que vous armiez l'inspecteur le plus possible, de façon à ce qu'il puisse exiger que les travaux soient faits immédiatement, dans certains cas, tels que la pose de garde-corps à des échafaudages, l'éclairage des couloirs, des cabinets d'aisances, etc., mais il me paraît inutile de lui imposer d'accorder un avertissement. Je demande donc tout simplement la suppression de la seconde partie du paragraphe que nous discutons actuellement ; je demanderais à M. Brice de bien vouloir limiter sa proposition à la première partie qui est excellente.

M. Brice. — J'estime que mon deuxième paragraphe vise les cas dans lesquels les transformations, tout en ne touchant pas au gros œuvre de l'établissement, nécessitent cependant un délai. Je maintiens ma proposition, sauf quelques légères modifications, dont nous reparlerons tout à l'heure.

M. Arquembourg. — M. Lebrun vient de nous indiquer que l'inspecteur du travail, lorsqu'il se trouve en face d'un patron qui fait preuve de bonne volonté, accordait un délai. Peut-être alors, dans ces conditions, serait-il préférable de ne pas nous occuper de la dernière partie de ce paragraphe. Peut-être même y aurait-il un inconvénient à voter le texte que l'on nous propose, car, dans certains cas, cela pourrait empêcher l'inspecteur d'accorder un délai que, moralement, il juge nécessaire.

Je suis donc d'avis de me rallier au système que nous a exposé M. Lebrun. Ce système serait, dans ses grandes lignes, le suivant : la mise en demeure est supprimée ; nous l'avons voté, c'est entendu, nous ne voulons pas revenir sur notre vote. Nous exceptons de cette règle les travaux intéressant le gros œuvre de l'établissement et, subsidiairement, nous exceptons aussi le cas où des recherches sont à faire, où il faut trouver des appareils qui n'existent pas encore. Dans tous les autres cas, pas de mise en demeure, mais faculté pour l'inspecteur, lorsqu'il le jugera nécessaire, de prévenir l'industriel.

M. BRICE. — Je n'aime pas beaucoup ce régime de bon plaisir.

M. PETIT. — Comment définirez-vous la seconde hypothèse que vous avez visée et à laquelle vous appliquez le régime de l'avertissement préalable ?

M. LORIN. — Il y a encore une grosse différence à remarquer. Que l'inspecteur accorde un délai lorsqu'il le juge nécessaire, je ne m'y oppose pas, mais de là à dire, dans une loi, qu'il devra accorder un avertissement, il y a une différence, car cela pourrait être un moyen de retarder les délais et de compliquer les choses. Je crois, en conséquence, Messieurs, que si M. Arquembourg adopte la proposition de M. Lebrun, nous avons fait un grand pas vers la solution que nous cherchons.

M. LE PRÉSIDENT. — La parole est à M. Briat.

M. BRIAT. — Je crois, Messieurs, que nous arrivons à nous mettre d'accord.

A notre première réunion au sujet de la mise en demeure, je vous avais demandé la suppression de cette mesure, mettant en opposition au Ministère du Travail le Ministère des Travaux publics. Je vous ai montré que le conducteur des ponts et chaussées ne fait pas de mise en demeure à la personne qui a ouvert dans la rue un trou où le passant peut se tuer. Il lui dit : « Vous avez ouvert un trou, voulez-vous le boucher immédiatement ou je vous dresse procès-verbal ». S'il dresse une contravention injustifiée, ce sont les tribunaux qui apprécieront. D'autre part, si la personne en question a été obligée de faire le trou pour une canalisation d'électricité, par exemple, il va sans dire que le conducteur des ponts et chaussées lui accordera le temps nécessaire, quinze jours s'il le faut.

Vous savez, Messieurs, que la mise en demeure a été la cause d'abus très graves, très regrettables ; nous vous demandons donc de mettre fin à ces abus. Comment y parvenir ? En réparant, toutes les fois qu'il y a possibilité de le faire, l'installation défectueuse immédiatement. Il est bien entendu que, dans les cas où on se trouve en face d'une impossibilité matérielle, il conviendra d'accorder un certain délai ; par exemple, dans le cas que nous citait tout à l'heure M. Boisselier, d'un industriel qui se trouve tout à coup obligé d'acheter une machine plus puissante, il serait injuste de forcer cet industriel à faire la dépense du jour au lendemain. Il est possible, dans ces cas-là, d'accorder le délai désirable parce que l'état actuel des machines ne provoquera pas des accidents de personnes, ne peut pas entraîner la mort d'ouvriers. Au contraire, lorsqu'il s'agit de mettre une porte automatique, un cliquet à un monte-charge ou un garde-corps à un échafaudage, tout le monde, j'en suis persuadé, est unanime à déclarer que ces mesures doivent être prises sur-le-champ. Il faudrait même, lorsqu'on se trouve en présence de patrons témoignant de la mauvaise volonté, de patrons négligents, il faudrait, non seulement les obliger à faire immédiatement les améliorations convenables, mais les empêcher de faire fonctionner leurs appareils dangereux.

Nous pourrions donc accepter, Messieurs, la proposition de M. Brice modifiée par l'amendement de M. Drancourt et approuvée par ces Messieurs.

M. Brice. — Je crois que nous ne pouvons pas improviser un texte précis, il nous faudrait d'abord réfléchir sur tout ce qui vient d'être dit.

M. le Président. — Je crois, en effet, qu'après avoir entendu les observations de part et d'autre, il serait peut-être bon que chacun se livre à une étude approfondie de la question. La rédaction d'un texte aussi important que celui dont nous nous occupons actuellement ne peut pas, selon moi, se faire en séance ; cependant, je crois que ce serait avoir perdu du temps que de ne pas adopter trois ou quatre points principaux qui serviront à chacun de ligne de conduite.

Je crois qu'il y a deux points sur lesquels nous sommes d'accord et je me permettrai de les rappeler d'un mot. Lorsqu'on décida de rédiger, en 1890, un texte, j'ai eu l'honneur d'être chargé de cette tâche avec M. Berger qui était un jurisconsulte de premier ordre. Lorsque nous avons discuté la question qui nous occupe aujourd'hui, nous avons décidé que nous mettrions la mise en demeure, parce que notre collègue de la Chambre de commerce de Lille, M. Julien Leblanc, nous avait fait observer que, lorsqu'on veut faire de la législation sociale, il faut la faire de telle sorte qu'elle prenne facilement dans les mœurs, qu'elle s'insinue, alors que si l'on voulait faire des révolutions brutales, on ferait du tort à l'œuvre elle-même. C'est ainsi que nous avons voulu agir au sujet de la loi de 1893, dont tout le monde se méfiait ; et je puis bien dire, aujourd'hui, que cette loi a donné d'excellents résultats, qu'elle a fait du bien à tout le monde, non seulement aux ouvriers, mais encore aux patrons, car un patron dont l'atelier est bien tenu est dans de meilleures conditions que ceux dont les établissements sont dans des conditions défectueuses.

Tout le monde a accepté, en général, assez facilement la loi parce que nous l'avions faite de façon à ce qu'elle ne paraisse pas trop dure dès le début. Mais, comme l'a dit M. Briat, après les dix-sept années qui viennent de s'écouler, nous ne nous trouvons plus en face de la même situation, et il s'agit maintenant de faire appliquer la loi. Nous avons vu depuis ces dernières années, dans les chantiers de Paris, des accidents de toutes sortes, ayant occasionné la mort d'un grand nombre d'ouvriers, en ayant blessé des quantités ; or la plus grande partie de ces morts auraient pu être évitées si l'on avait pris de suite les mesures de sécurité nécessaires.

Il nous reste également une autre question qui a été soulevée par M. Fagnot : celle de savoir si nous conserverons l'appel au ministre, ce qui d'ailleurs existe dans toutes les législations.

Si vous le vouliez, Messieurs, chacun de nous pourrait étudier la question de son côté, puis on préparerait un texte pour la prochaine réunion.

M. Lorin. — Si, suivant ce que nous proposait tout à l'heure M. Lebrun, nous laissons de côté la deuxième partie du paragraphe 4 de M. Brice, nous ne restons plus qu'en face de la première partie, dans laquelle il n'est question que de l'appel au ministre. La difficulté que nous signalait tout à l'heure notre Président n'existerait donc plus.

M. LE PRÉSIDENT. — Je me méfie assez, Messieurs, des textes rédigés en assemblée générale, et je pense qu'il serait peut-être préférable de choisir un certain nombre d'entre vous pour faire partie d'une commission qui se mettrait d'accord et qui nous apporterait un texte.

M. Raoul JAY. — Lorsque vous aurez discuté la question avec tous les détails, toute la minutie qu'il est possible d'apporter dans une réunion de ce genre, il ne faudrait pas recommencer ici la discussion.

M. RENARD. — En tout cas, il faut que le texte qui résultera de nos travaux soit voté par l'assemblée.

M. LE PRÉSIDENT. — Je demanderais à M. Brice s'il voudrait bien recevoir dans son bureau les membres de la commission.

Nomination des membres de la commission : MM. Brice, Briat, Lorin, Renard, Arquembourg, Petit, Fauquet, Bris, Lebrun, Alfassa.

M. LE PRÉSIDENT. — Il est donc décidé, Messieurs, que les membres de la commission se réuniront chez M. Brice, le mardi 1er mars, à 10 heures.

M. FAUQUET. — Je vous demande la permission d'exposer en quelques mots le sens de la proposition que j'ai déposée et dont l'examen peut, je crois, être rattaché à la discussion que nous avons engagée. Ma proposition vise les cas où le chef d'établissement est locataire de l'immeuble qu'il occupe. Une grosse difficulté à l'application de la loi vient précisément de la résistance que mettent les propriétaires à faire ou à laisser faire les réparations. Ou bien le propriétaire se refuse à prendre à sa charge les frais des réparations nécessaires, ou bien il peut même s'opposer à ce que l'industriel fasse les modifications que lui prescrit l'inspecteur du travail. Actuellement, les inspecteurs du travail n'ont pas à intervenir dans les conflits qui peuvent surgir entre les propriétaires et leurs locataires, et cependant je crois que nous ne pouvons pas nous en désintéresser. Lorsqu'un inspecteur se trouve en présence d'un industriel qui ne peut pas obtenir de son propriétaire l'autorisation de faire les améliorations nécessaires, il est absolument désarmé, car il sait que les poursuites qu'il pourra engager n'atteindront pas le véritable responsable. Si le locataire ne peut obtenir du propriétaire que les réparations soient faites, il sera réduit à donner congé et l'inspecteur se retrouvera en présence des mêmes difficultés lorsqu'il fera de nouvelles mises en demeure au nouveau locataire.

La loi a posé, en principe, que la responsabilité pénale retombait sur celui qui employait les ouvriers ; je crois qu'il serait bon d'organiser et de répartir les responsabilités sur de nouvelles bases plus équitables, et c'est pourquoi je vous ai proposé le texte suivant :

Loi du 12 juin 1893-11 juillet 1903 ; modification à l'article 7 :

Art. 7. — *Les chefs d'établissement sont civilement responsables des condamnations prononcées contre leurs directeurs, gérants ou préposés.* [Texte actuel.]

Paragraphe additionnel. — *Les tribunaux pourront reporter sur les propriétaires la responsabilité civile des condamnations prononcées contre leurs loca-*

taires, lorsque les contraventions résulteront de l'état de la chose louée. Toutefois, les propriétaires ne pourront être mis eux-mêmes en cause, par application du présent paragraphe, que s'ils ont été eux-mêmes l'objet d'une mise en demeure ou d'un avertissement dans les formes prévues à l'article 6.

Ces mots « l'état de la chose louée » expriment d'une façon précise dans quels cas la responsabilité civile du propriétaire est engagée ; c'est une formule générale, mais qui, je crois, sera tout à fait compréhensible et d'une interprétation facile.

Si ce texte était adopté, les inspecteurs du travail auraient sur les industriels et leurs propriétaires des moyens de pression qu'ils n'ont pas actuellement et qui leur seraient tout à fait utiles. D'autre part, ce texte n'impose rien aux propriétaires qui ne soit juste et équitable.

M. Brice. — Il est vrai de reconnaître que nous avons été très souvent gênés dans notre tâche par le mauvais vouloir des propriétaires. Mais il faut également considérer certaines conditions de location telles que celles-ci : le locataire peut avoir loué l'appartement tel quel parce que le propriétaire le lui laissait à bas prix, et, dans ce cas, le propriétaire ne peut pas être responsable des réparations qu'il faudra faire. Ou bien un propriétaire a loué un local que le locataire a transformé de son chef en un atelier.

M. Lorin. — Je crois qu'il y aurait une remarque à faire : le propriétaire ne pourra être rendu responsable des condamnations prononcées que s'il a opposé un refus formel. Ce ne peut être que dans ces cas-là que l'on peut le rendre responsable, car, autrement, le locataire se trouverait vraiment trop déchargé.

M. Frois. — Il y a également une catégorie d'établissements particuliers dont il serait bon que nous nous préoccupions : ce sont les établissements de force motrice. Dans ces cas-là, le propriétaire sait toujours à quelle sorte d'industriel il loue, puisqu'il leur loue de la force motrice. J'estime que la loi doit intervenir entre le locataire et le propriétaire de force motrice.

Supposez, en effet, qu'un inspecteur prescrive à un industriel de mettre à la machine un appareil d'arrêt à distance. Qu'adviendra-t-il si le propriétaire ne veut pas qu'il place sur la machine ce petit appareil qui l'arrête ?

Vous avez également, dans certains quartiers, des maisons qui, du premier étage jusqu'au dernier, sont occupées par des industriels ; le propriétaire, lorsqu'il loue, sait donc pertinemment que c'est à de nouveaux industriels. Personnellement, je crois qu'il y a quelque chose à faire dans cet ordre d'idées.

Je vous parlais, tout à l'heure, des loueurs de force motrice, les mêmes difficultés se produisent également au sujet de la limitation des heures de travail. Cela tient à ce que le loueur loue la force motrice à tous les petits artisans de sa maison pour onze heures ; vous comprendrez qu'un petit industriel, qui paie pour une journée de onze heures, voudra faire travailler ses ouvriers onze heures, de là toutes sortes de difficultés.

M. Briat. — On pourrait considérer le loueur

comme un industriel et lui dresser procès-verbal toutes les fois qu'il contrevient à la loi.

M. Raoul Jay. — J'étais effrayé au début des complications dans lesquelles nous entraînait la proposition de M. Fauquet, car, suivant les conditions du bail, nous pouvons nous trouver dans des cas particuliers, mais je remarque que ce n'est qu'une faculté que vous voulez donner aux inspecteurs en réservant aux tribunaux le droit d'apprécier. Je crois que la proposition, dans ce sens, a un grand intérêt.

Un Membre. — Mais il faut que le propriétaire sache bien que le local est loué pour un usage industriel.

M. le Président. — Il se fait tard, Messieurs, c'est une question très intéressante qui se discute actuellement ; mais, comme nous ne formulerons pas de texte, je vous demanderai de renvoyer la proposition à la commission qui vient d'être constituée.

Adopté.

La séance est levée.

Séance du 10 mars 1910

PRÉSIDENCE DE M. LIÉBAUT

M. LE PRÉSIDENT. — Je vous rappelle qu'une sous-commission, composée de MM. Briat, Brice, Petit, Alfassa, Lorin, Renard, Arquembourg, Fauquet, Bris et Lebrun, a été chargée d'examiner le texte d'un paragraphe réservé lors de notre précédente discussion, et relatif à la détermination des cas dans lesquels il n'y aurait pas lieu à mise en demeure, et à la procédure à suivre dans ces cas.

Cette sous-commission s'est réunie le 1er mars au Ministère du Travail et M. Brice a été chargé de nous apporter son texte définitif. Je vous rappelle qu'il a été entendu que ce texte serait adopté par l'Association sans nouvelle discussion.

Mme DE MAGUERIE. — Il y avait aussi la question du propriétaire.

M. BRICE. — Cette question, soulevée par M. Fauquet et qui a trait à la responsabilité à imposer aux propriétaires des immeubles industriels et commerciaux, en cas de mise en demeure, n'a pu être abordée au cours de l'unique séance tenue par la Commission. La question reste donc entière et, comme elle présente un grand intérêt, l'Association estimera peut-être qu'elle mérite qu'un débat spécial soit institué pour la résoudre.

M. LE PRÉSIDENT s'associe à cette manière de voir

et propose l'ajournement de la discussion sur ce point. Il en est ainsi décidé.

M. BRICE. — En conformité de la décision prise par l'Association au cours de sa dernière séance, la Commission désignée par elle pour compléter la rédaction du nouvel article 6 de la loi du 12 juin 1893 s'est réunie le 1er mars au Ministère du Travail.

Il a été tout d'abord reconnu qu'en raison de la décision prise par l'Association, au cours de sa précédente séance, de marquer avec la plus grande netteté que la mise en demeure ne devait plus être admise que dans des cas exceptionnels, il était nécessaire de modifier le texte des deux premiers paragraphes de l'article 6, bien que ces deux paragraphes aient antérieurement été adoptés par l'Association.

La Commission s'est trouvée en présence de deux textes, l'un proposé par M. Petit, l'autre proposé par moi. Ces deux textes tenaient compte des tendances manifestées par l'Association dans la dernière séance.

Nous avons estimé, après discussion, qu'il n'y avait lieu de maintenir la procédure de la mise en demeure que dans deux catégories de cas :

1° Lorsque l'exécution de la prescription réglementaire nécessite des transformations portant sur le gros œuvre. (Ce principe a déjà été admis par l'Association) ;

2° Lorsque l'exécution des prescriptions réglementaires soulève des difficultés d'ordre technique qu'il n'est pas possible de résoudre sans étude préalable.

Pour tous les autres cas, l'inspecteur pourra dresser procès-verbal et engager des poursuites immédiates.

Le champ d'application de la mise en demeure

obligatoire étant ainsi délimité, la Commission s'est demandé s'il convenait de préciser et de régulariser, par un texte légal, la faculté que nous entendons laisser à l'inspecteur de surseoir au procès-verbal, s'il estime que l'application de la loi sera mieux assurée par cette mesure que par des poursuites immédiates.

La Commission s'est prononcée pour l'affirmative, à la condition que le chef d'établissement soit tenu, à l'expiration du délai accordé, d'avertir l'inspecteur des mesures qu'il aura prises pour se conformer aux prescriptions réglementaires.

Cependant, nous avons estimé qu'en cas de péril actuel ou imminent, l'inspecteur ne devrait pas pouvoir user de cette faculté.

Ces diverses modifications ont entraîné, ainsi que je le disais plus haut, la modification des deux premiers paragraphes de l'article 6, déjà votés par l'Association, et leur remplacement par le texte ci-après :

ART. 6. — *Toutefois, en ce qui concerne l'application des règlements d'administration publique prévus à l'article 3 ci-dessus, mais seulement lorsque l'exécution des prescriptions nécessite des transformations importantes portant sur le gros œuvre de l'usine ou soulève des difficultés d'ordre technique qu'il n'est pas possible de résoudre sans étude préalable, les inspecteurs, avant de dresser procès-verbal, mettront les chefs d'établissement en demeure de se conformer aux prescriptions desdits règlements.*

Cette mise en demeure sera faite par écrit sur un registre spécial de contrôle dont chaque établissement devra être muni et qui sera constamment tenu à la disposition de l'inspecteur. Elle sera datée et signée, indiquera les contraventions relevées et fixera un délai à l'expiration duquel ces contraven-

tions devront avoir disparu. Ce délai ne sera jamais inférieur à un mois.

Dans les quinze jours qui suivent cette mise en demeure, le chef de l'établissement adresse, s'il le juge convenable, une réclamation au ministre du Travail et de la Prévoyance sociale. Ce dernier peut, après avis conforme du Comité consultatif des Arts et Manufactures, accorder au chef de l'établissement un délai dont la durée dans tous les cas n'excédera pas trois ans.

Notification de la décision est faite au chef de l'établissement dans la forme administrative ; avis en est donné à l'inspecteur.

Dans ce texte nouveau, la formule « difficultés d'ordre technique qu'il n'est pas possible de résoudre sans étude préalable » appelle quelque commentaire.

Au cours de la dernière séance de l'Association, plusieurs membres avaient fait remarquer qu'il était convenable de laisser au chef d'établissement la possibilité de recourir au Comité des Arts et Manufactures dans d'autres cas encore que celui où le gros œuvre est intéressé.

M. Arquembourg avait cité comme exemple les installations importantes de ventilation ; M. Petit, la recherche d'appareils nouveaux et compliqués ; M. Alfassa, les travaux portant sur l'ensemble de l'outillage ou nécessitant l'installation d'un moteur plus puissant.

Or, tous ces exemples sont implicitement prévus par l'une ou l'autre des formules que votre Commission a adoptées. C'est ainsi, par exemple, que l'installation d'un système automatique adapté aux dispositions d'un monte-charges nécessitera certainement une étude préalable et, par suite, devra faire l'objet d'une mise en demeure. Il en sera de même de l'obligation de chauffer un vaste local, et il est même probable que, dans ce cas, il n'y aura pas seulement à vaincre des difficultés d'œuvre technique, mais peut-être aussi à entreprendre des travaux portant sur le gros œuvre.

La Commission n'a point été arrêtée par la crainte que les tribunaux ne donnent de cette formule une interprétation trop large. Elle a estimé que, dans les cas exceptionnels qui pourraient être douteux, mieux valait après tout que la solution la plus favorable à l'industriel fût adoptée par l'inspecteur.

En dehors des cas, pour lesquels le doute pourra exister, tout au moins au début, sur l'interprétation de ce qui est ou n'est pas du gros œuvre, de ce qui entraîne ou n'entraîne pas l'obligation d'études préalables, il y a tout un ensemble d'états contraventionnels (et ce sera la grande majorité des cas) pour lesquels la question ne se posera même pas. Reprenons nos exemples cités plus haut : l'inspecteur dressera procès-verbal sans mise en demeure si un monte-charges à fermeture automatique ne fonctionne pas, par suite d'un défaut d'entretien répréhensible ou de la détérioration d'un de ses organes ; si une installation de chauffage n'assure pas une température convenable par suite du défaut d'entretien, d'un chauffage insuffisant, ou d'un accident non réparé. Ces exemples peuvent s'étendre à toutes les installations ; ils sont loin d'être limitatifs.

On voit donc que, au fur et à mesure que se compléteront les installations coûteuses ou difficiles, se rétrécira du même coup le champ de la mise en demeure. Notre disposition paraît donc à la fois juste en elle-même et pratique dans son application.

Il nous reste à examiner un dernier ordre de dispositions. La Commission a estimé qu'il serait bon de consigner dans la loi la possibilité pour l'inspecteur, sauf le cas de danger, d'accorder à l'industriel un délai, même en dehors des cas où la mise en demeure est obligatoire. Elle a été amenée, par suite, à demander l'inscription, dans la loi, de cette mesure que les inspecteurs considèrent comme indispensable, afin de les mettre à l'abri des récriminations qui pourraient se produire.

Le texte de notre alinéa n'a point été définitivement arrêté par la Commission. Je vous demanderai de vous donner lecture de celui que j'ai rédigé à la suite de la discussion et en me conformant à ce qu'elle a décidé :

En dehors des cas exceptionnels prévus au paragraphe premier du présent article, les inspecteurs pourront, si l'état contraventionnel constaté n'expose les ouvriers à aucun danger actuel ou imminent, surseoir aux poursuites pendant un délai qui ne devra pas excéder un mois. Mention de ce délai sera portée au registre spécial de contrôle. Il sera donné suite aux contraventions constatées, si, à l'expiration de ce délai, le chef d'établissement n'a pas fait connaître, par lettre recommandée, à l'inspecteur du travail les mesures qu'il a prises pour se conformer aux prescriptions réglementaires.

M. le Président met aux voix la disposition qui précède. La disposition est adoptée. L'ensemble de l'article est ensuite adopté sans discussion.

LOI DU 12 JUIN 1893-11 JUILLET 1903

Article 6 (Mises en demeure)

Texte actuel de la loi	Texte modificatif adopté par l'Association.
ART. 6. — § 1er. — Toutefois, en ce qui concerne l'application des règlements d'administration publique prévus par l'article 3 ci-dessus, les inspecteurs, avant de dresser procès-verbal, mettront les chefs d'industrie en demeure de se conformer aux prescriptions dudit règlement.	ART. 6. — § 1er. — Toutefois, en ce qui concerne l'application des règlements d'administration publique prévus à l'article 3 ci-dessus, mais seulement lorsque l'exécution des prescriptions nécessite des transformations importantes portant sur le gros œuvre de l'usine, ou soulève des difficultés d'ordre technique qu'il n'est pas possible de dresser procès-verbal, les inspecteurs mettront les chefs d'établissement en demeure de se conformer aux prescriptions desdits règlements.
§ 2. — Cette mise en demeure sera faite par écrit sur le registre de l'usine ; elle sera datée et signée, indiquera les contraventions relevées et fixera un délai à l'expiration duquel ces contraventions devront avoir disparu. Ce délai ne sera jamais inférieur à un mois.	§ 2. — Cette mise en demeure sera faite par écrit sur un registre spécial de contrôle dont chaque établissement devra être muni et qui sera constamment tenu à la disposition de l'inspecteur. Elle sera datée et signée, indiquera les contraventions relevées et fixera un délai à l'expiration duquel ces contraventions devront avoir disparu. Ce délai ne sera jamais inférieur à un mois.
§ 3. — Dans les quinze jours qui suivent cette mise en demeure, le chef d'industrie	§ 3. — Dans les quinze jours qui suivent cette mise en demeure, le chef de l'établis-

adresse, s'il le juge convenable, une réclamation au ministre du Commerce et de l'Industrie. Ce dernier peut, lorsque l'obéissance à la mise en demeure nécessite des transformations importantes portant sur le gros œuvre de l'usine, après avis conforme du Comité consultatif des Arts et Manufactures, accorder à l'industriel un délai dont la durée, dans tous les cas, ne dépassera jamais dix-huit mois.

§ 4. — Notification de la décision est faite à l'industriel dans la forme administrative, avis en est donné à l'inspecteur.

sement adresse, s'il le juge convenable, une réclamation au ministre du Travail et de la Prévoyance sociale. Ce dernier peut, après avis conforme du Comité consultatif des Arts et Manufactures, accorder au chef de l'établissement un délai dont la durée, dans tous les cas, n'excédera pas 3 ans.

§ 4. — Notification de la décision est faite au chef de l'établissement dans la forme administrative ; avis en est donné à l'inspecteur.

§ additionnel. — En dehors des cas exceptionnels prévus au paragraphe 1er du présent article, les inspecteurs pourront, si l'état contraventionnel constaté n'expose les ouvriers à aucun danger actuel ou imminent, surseoir aux poursuites pendant un délai qui ne devra pas excéder un mois. Mention de ce délai sera portée au registre spécial de contrôle. Il sera donné suite aux contraventions constatées si, à l'expiration de ce délai, le chef d'établissement n'a pas fait connaître par lettre recommandée, à l'inspecteur du travail, les mesures qu'il a prises pour se conformer aux prescriptions réglementaires.

TABLE DES MATIÈRES

SÉANCE DU 14 DÉCEMBRE 1909

SÉANCE DU 25 JANVIER 1910

(Suite de la discussion)

Sténographié par « COMMERCIA » — Bourse du Commerce, rue du Louvre. — PARIS.

ASSOCIATION INTERNATIONALE

POUR

LA PROTECTION LÉGALE DES TRAVAILLEURS

2, Rebgasse, Bâle (Suisse)

Liste des ouvrages publiés depuis sa constitution

Compte rendu de l'Assemblée constitutive tenue à Bâle les 27 et 28 septembre 1901. — 1 vol., 270 p., Paris, LE SOUDIER, éditeur.

Compte rendu de la 2e Assemblée générale du Comité de l'Association internationale tenue à Cologne les 26 et 27 septembre 1902. — 1 vol., 82 p., Paris, LE SOUDIER, éditeur.

Les industries insalubres. — 1 vol., 460 p., Paris, 1903, LE SOUDIER, éditeur.

Le travail de nuit des femmes dans l'industrie. — 1 vol., 384 p., Paris, 1903, LE SOUDIER, éditeur.

Bulletin de l'Office international du travail (tome I, année 1902; tome II, année 1903). — Paris, LE SOUDIER, éditeur.

(*Paraît à partir de 1904 chez* BERGER-LEVRAULT, *Nancy et Paris*)

Orléans. — Imp. AUGUSTE GOUT & Cie.

PUBLICATIONS DE

L'Association Nationale Française pour la Protection légale des Travailleurs

EN VENTE CHEZ

F. ALCAN, éditeur, 108, boulevard Saint-Germain, Paris,
et L. LAROSE et L. TENIN, 2[illegible], rue Soufflot, Paris.

PREMIÈRE SÉRIE

L'Association pour la protection légale, par M. André LICHTENBERGER.

I. *La protection légale des femmes avant et après l'accouchement.* — Rapport de M. le Dr FAUQUET.

II. *La réglementation hebdomadaire de la durée du travail. — Le repos du samedi.* — Rapports de M. Ivan STROHL, industriel, et de M. FAGNOT, de l'Office du travail.

III. *L'âge d'admission des enfants au travail industriel. — Le travail de demi-temps.* — Rapport de M. Et. MARTIN-SAINT-LÉON.

IV. *La ligue sociale d'acheteurs.* — Rapport de Mme Jean BRUNHES.

V. *La protection légale de l'employé et la réglementation du travail des magasins.* — Rapport de M. A. ARTAUD.

VI. *La réglementation de la durée du travail dans les mines.* — Rapport de M. l'abbé LEMIRE, député du Nord.

VII. *La réglementation du travail en chambre.* — Rapport de M. FAGNOT, de l'Office du travail.

VIII. *La protection des travailleurs indigènes aux colonies.* — Rapport de M. René PINON.

IX. *L'emploi des enfants dans les théâtres et cafés-concerts.* — Rapport de M. Raoul JAY.

X. *Le droit de citation directe pour les Associations.* — Rapport de M. Henri HAYEM.

Chaque brochure : 0 fr. 60.

L'ensemble de ces brochures forme un volume de 3 fr. 50 sous le titre :

LA PROTECTION LÉGALE DES TRAVAILLEURS

DEUXIÈME SÉRIE

LA DURÉE LÉGALE DU TRAVAIL. — *Des modifications à apporter à la loi de 1900.* — Rapports de MM. FAGNOT, MILLERAND et STROHL. — 1 vol., 2 fr. 50.

TROISIÈME SÉRIE

I. *L'interdiction de la céruse dans l'industrie de la peinture.* — Rapport de M. J.-L. BRETON, député.

II. *La Conférence officielle de Berne.* — Rapport de M. A. MILLERAND, président de l'Association.

III. *Le Contrôle de la durée du travail.* — Rapport de M. Georges ALFASSA.

IV. *La protection légale des enfants occupés hors de l'industrie. — I. La loi anglaise.* — Rapport de M. Édouard DOLLÉANS.

V. *La protection légale des enfants occupés hors de l'industrie. — II. La loi allemande.* — Rapport de M. Henry MOYSSET.

VI. *La Protection légale des enfants occupés hors de l'industrie en France. — III. La Situation en France.* — Communications de MM. l'abbé MENY, [illegible] Mlle BLONDEL, MM. Georges PIOT, Raoul JAY, Léon VIGNOLS.

VII. *De l'extension de la loi du 29 décembre 1900 aux femmes employées dans l'industrie.* — Rapport de Mlle DE LA RUELLE, inspectrice du travail.

TROISIÈME SÉRIE (*Suite*)

VIII. *La grève et l'organisation ouvrière.* — Communication de M. A. MILLERAND, président de l'Association.

Chaque brochure : 0 fr. 60.

L'ensemble de ces brochures forme un volume de 3 fr. 50 sous le titre :

LA PROTECTION LÉGALE DES TRAVAILLEURS

Troisième série (1905-1906).

Rapports présentés à l'Assemblée de Genève (1906) par la Section française

Le travail de nuit des adolescents dans l'industrie française. — Rapport de M. MARTIN-SAINT-LÉON. — Brochure, 0 fr. 60.

Les poisons industriels. — Rapport de M. Georges ALFASSA. — Brochure, 0 fr. 60.

L'assurance ouvrière et les ouvriers étrangers. — Rapport de M. Henri BARRAULT. — Brochure, 0 fr. 10.

La limitation légale de la journée de travail en France. — Rapport de M. Raoul JAY. — Brochure, 0 fr. 60.

Le travail à domicile en France. — Rapport de MM. Paul PIC et A. AMIEUX. — Br., 0 fr. 30.

QUATRIÈME SÉRIE

LE CONTRAT DE TRAVAIL (Examen du projet de loi du Gouvernement). — Rapports de M. PERREAU, professeur à la Faculté de Droit de Paris, et de M. FAGNOT, enquêteur au ministère du Travail. — 1 volume, 3 fr. 50.

Rapports présentés au Congrès de Lucerne (1908) par la Section française

Le travail de nuit des enfants dans les usines à feu continu. — Rapport de M. F. FAGNOT.

Le travail industriel des enfants. — Rapport de M. Georges ALFASSA.

La réalisation de l'égalité entre nationaux et étrangers. — Rapport de M. A. BOISSARD.

Chaque brochure : 0 fr. 60.

CINQUIÈME SÉRIE

I. et II. *La Conciliation dans les conflits collectifs et les travaux de la section du Nord de l'Association.* — Rapport de M. AFTALION. — *La loi du 7 mars 1850 et le Mesurage du travail à la tâche.* — Rapport de M. Ad. BOISSARD. — Brochure, 1 fr. 20.

III. *Le Contrat de travail et le Code civil.* — Rapports de MM. PERREAU et GROUSSIER. — 1 volume, 3 fr. 50.

IV. *La Réforme de l'inspection du travail en France.* — Rapport de M. Eugène PETIT. — 1 volume, 3 fr. 50.

V. *Collaboration des ouvriers organisés à l'œuvre de l'inspection du travail.* — Rapport de M. Henri LORIN. — 1 volume, 3 fr. 50.

VI. *Les Accidents du Travail dans l'Agriculture.* — Rapport de M. Henri CAPITANT. — 1 volume, 3 fr. 50.

SIXIÈME SÉRIE

I. *Les Problèmes du Chômage.* — Rapport de MM. F. FAGNOT, Max LAZARD, Louis VARLEZ. — 1 volume, 3 fr. 50.

Ces publications sont servies aux membres de l'Association.

L'Association nationale française examine et discute dans ses réunions périodiques les questions de législation du travail à l'ordre du jour. Elle publie le compte rendu de ses discussions.

Sont membres de l'Association les personnes et les sociétés qui considèrent la législation protectrice des travailleurs comme nécessaire et adhèrent aux statuts de l'Association.

La cotisation annuelle est fixée à 10 francs. Elle est réduite à 3 francs pour les personnes ou les sociétés qui ne demandent pas à recevoir les publications de l'Office international.

Les adhésions sont reçues par le trésorier de l'Association : M. Léon DE SEILHAC, délégué permanent du Musée social, 5, rue Las-Cases.

ORLÉANS. — IMP. AUGUSTE GOUT & Cie

www.ingramcontent.com/pod-product-compliance
Ingram Content Group UK Ltd.
Pitfield, Milton Keynes, MK11 3LW, UK
UKHW020336230726
13925UKWH00002B/819